HERZSTEINE

HANNA JANSEN

AR

Christel Metzger
Franziska Heinzelmann

Schülerarbeitsheft

Krapp & Gutknecht

Die Seiten- und Zeilenangaben beziehen sich auf folgende Ausgabe:

Hanna Jansen
Taschenbuch
Herzsteine
Gulliver von Beltz & Gelberg
203 Seiten
ISBN 978-3-407-74864-5
Bestellzeichen: TBHerzsteine

Hanna Jansen
Hörbuch
Herzsteine
derDiwan Hörbuchverlag
ungekürzte Lesung
ISBN 978-3-941009-76-9
Bestellzeichen: HörHerzsteine

Downloadbereich

Scanne den QR-Code oder gib diesen Link im Browser ein:
(ohne *www.* oder *https://*)

kugverlag.de/s3047

SCAN ME

Sollte der Kurzlink nicht funktionieren, kannst du diesen eingeben:
https://download.krapp-gutknecht.de/index.php/s/3aEbpa3GJ9qX2gY

Symbolerklärung

- Leseauftrag
- Partnerarbeit
- Gruppendiskussion
- Internetrecherche
- Schreibaufgabe
- Informationstext
- Zeichnen
- Szenisches Spiel
- AR Augmented Reality

AB | S. 47 Stilmittel

Diese Pfeile zeigen dir, dass du an der Stelle neue Erkenntnisse für deine Arbeitsblätter erarbeitest.

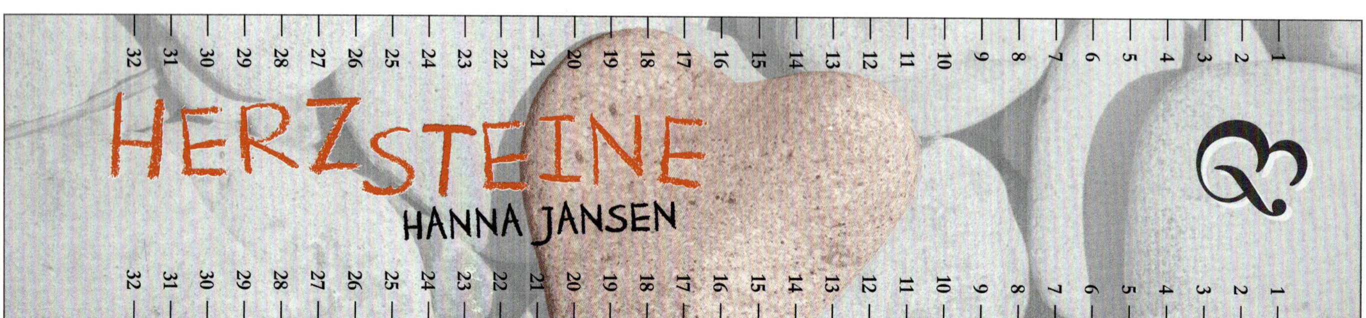

Den Zeilenmesser findest du auch als Datei im Downloadbereich. Tipp: Laminiere ihn, so hält er länger.

Vorwort

„Du kannst dem entkommen, was hinter dir herläuft, aber nicht dem, was in dir läuft."
Ruandisches Sprichwort

Liebe Schülerin, lieber Schüler,

Ruanda ist ein fernes Land in Afrika. Es wird dir im Verlauf der Lektüre des Jugendbuchs *Herzsteine* auf eine Weise nähergebracht, die du nie vergessen wirst. Wie das ruandische Sprichwort ausdrückt, kann man zwar fliehen vor Vergangenem. Das Innerste jedoch ist immer dabei! Was auf der Seele lastet, kann zu einem „Herzstein" im negativen Sinne werden. Der „Herzstein" ist aber auch ein Symbol der Liebe. Um beides geht es in dem erfolgreichen Jugendroman von Hanna Jansen. Ihre eigene Anschauung und Erfahrung ist auf besondere Weise in diesen Erzähltext eingeflossen – mit Herzblut, Entsetzen, zugleich aber ebenso mit großer Hoffnung auf die Zukunft Ruandas.

Nun bist du hoffentlich neugierig geworden auf den Roman. Begleite beim Lesen die Hauptfigur Sam, die dein Klassenkamerad sein könnte, und lass dich mitreißen in einen Strudel tiefster Gefühle.

Unser Arbeitsheft zu dieser Lektüre soll dir den Weg durch ein ganz besonders aufgebautes Buch ebnen und erleichtern. Im ersten Teil liest du mit begleitenden Aufgaben das Buch und sammelst wichtige Eindrücke und Informationen zu Figuren, historischen und fiktiven Ereignissen, Orten, dem zeitlichen Ablauf und Besonderheiten der Form, Sprache und des Stils dieses Romans. Du übst auch produktive Schreibformen. Kenntnisse der Figuren und ihrer Beziehungen sind dabei sehr wichtig. Markiere also im laufenden Leseprozess wichtige Informationen. Dazu kannst du den Lesekamm (Seite 4) nutzen. Beim Ordnen deines Wissens unterstützt dich das Kapitel *Figurenverständnis und Figurenkonstellation*. Danach folgen die Kapitel *Merkmale des Erzähltexts* und *Themen und Motive*.

Abschließend geht es um die Bestandteile der Abschlussprüfung, und zwar in diesem Heft um *Aufgaben im Stil des Prüfungsteils A2*. Schritt für Schritt erwirbst du das wichtige Know-how für die Bearbeitung verschiedener Aufgaben und einer beispielhaften Schreibform.

Nun aber: *Amahirwe masa!*

Christel Metzger

Liebe Schülerinnen und Schüler,
eine Prüfung ist eine Hürde. Sie zu überwinden erfordert Training, Kraft und Mut.
Auf unserem Lebensweg gibt es viele Hürden ganz unterschiedlicher Art.
Sie sind Herausforderungen, die uns manchmal auch ängstigen können. Doch es lohnt sich, alles zu geben, was in uns steckt. Denn jede Hürde, die wir überwinden, bringt uns weiter, stärkt.
Ich habe es geschafft! Dieser Satz macht stolz und froh.
„Wer auf einen Baum klettern will, fängt unten an, nicht oben!", sagt ein afrikanisches Sprichwort.
Ich finde, dieses Bild zeigt sehr anschaulich, worum es geht: Von unten aus der Unkenntnis heraus mit jeder gewonnenen Kenntnis Stück für Stück nach oben klettern, bis die Krone erreicht ist, von wo sich eine freie Sicht in die Weite öffnet!
Rückblickend sind alle Prüfungen, die hinter mir liegen – so schwer sie mir auch manchmal erscheinen mochten – eine Etappe auf dem Weg in die Baumkrone gewesen.
In diesem Sinn wünsche ich euch allen viel Glück und Erfolg!

Eure Hanna Jansen

Den Inhalt erschließen und sichern

Lesekamm und Lesebegleitheft

Aufgabe 1

a) Betrachte den Lesekamm und lies die einzelnen Aufträge durch.

Lesekamm: Den Textinhalt zu erarbeiten heißt, den Text nach Einzelheiten zu durchkämmen.

Der **Lesekamm** ist eine bildhafte Anleitung, wie du in einem Text wichtige Informationen hervorheben und kennzeichnen kannst. Diese Arbeitsweise ist für dich wie eine Navigation durch dein Buch. Du findest bestimmte Themen oder Figuren zügig auf und kannst Aufgaben besser bearbeiten.
Du wirst sehen, dass es stolz und zufrieden macht, wenn du ein schön und sorgfältig bearbeitetes Buch mit in die Prüfung nimmst.

TIPP speziell für den Roman *Herzsteine:*
Knicke und falze an der oberen rechten Seitenkante der vier Teile des Romans sowie beim Nachwort **Eselsohren** (ca. 2 cm lang und hoch) und beschrifte diese **mit Abkürzungen.** Mit „Daumenkino" kannst du diese Teile wiederfinden, ohne dir die Seiten zu merken. Du darfst nichts einkleben oder klammern.

b) Halte Buntstifte oder Marker in den unten stehenden Farben bereit, um eine Art Farbleitsystem umzusetzen. Markiere in der folgenden Aufstellung **die Farbadjektive in der entsprechenden Farbe:** also z. B. gelb mit Gelb usw. Übertrage das Leitsystem auf die Innenseite des Covers in deinem Buch. So kannst du sowohl im Arbeitsheft als auch im Roman selbst bequem nachschlagen, welche Farbe z. B. Enna hat.
Markiere dann jeweils wichtige Informationen, Gedanken, Gefühle – aber nur in Stichworten. Ergänze am Rand Notizen, die möglichst in deinen Worten (also Synonyme oder Oberbegriffe) formuliert sind.

Farbleitsystem			
hellblau: Sam	**türkis:** Luk	**orange:** Fe	**pink:** Enna
lila: Figuren in Kigali	**hellgrau:** erzählte Zeit Geschichte (Daten)	**grün:** Orte	**gelb:** Stilmittel, Sprache

Ein **Lesebegleitheft** ist ein einfaches kariertes DIN-A4-Heft ohne Rand. Dieses eignet sich für alle längeren Schreibaufträge, Memos mit deinen Fragen z. B. nach längeren Leseabschnitten, Grafiken, kreativen Zusatzaufgaben usw. Es ist aber die Aufgabe deiner Lehrerin oder deines Lehrers, zu klären, ob in deiner Lerngruppe mit einem Heft oder mit Zusatzblättern gearbeitet wird, die du in dein Arbeitsheft einkleben kannst.

Aufgabe 2

Gestalte im Falle des **Lesebegleithefts** den Umschlag während der Erarbeitung mit Kopien von Fotos aus Ruanda. Achte bei der Recherche auf gemeinfreie Abbildungen, also solche ohne urheberrechtliche Einschränkungen.[1] Am Ende kannst du noch eine Wortwolke mit Wörtern aus dem Roman gestalten.

1 Informationen zum Urheberrecht in der Schule: https://www.bmbf.de/upload_filestore/pub/Urheberrecht_in_der_Schule.pdf (S. 9 ff.)

Erste Begegnung mit dem Buch

Aufgabe 1

60-SEKUNDEN-BRAINSTORMING

a) Der Jugendroman von Hanna Jansen trägt den Titel *Herzsteine*. Notiere in der vorgegebenen Zeit alles, was dir zu den beiden Begriffen einfällt, und vergleiche sie anschließend mit einer Partnerin/einem Partner.

b) Diskutiert in Partnerarbeit: Was fällt auf? Passen die Begriffe zusammen? Was könnte „Herzsteine“ bedeuten?

Aufgabe 2

Lies dir den Klappentext durch und notiere in das nebenstehende Herz wichtige Schlüsselbegriffe zu Figuren, Orten und Themen des Jugendromans.

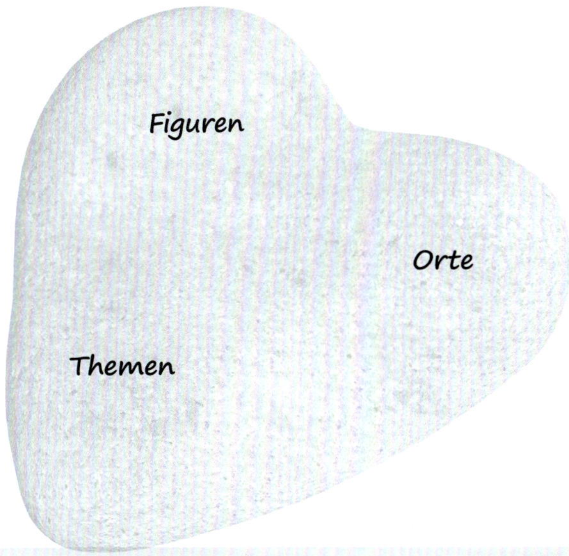

Aufgabe 3

a) Teil I des Romans beginnt mit einem afrikanischen Sprichwort. Schreibe es in den unten stehenden Kasten.

b) Schreibe auf, wofür in diesem Satz symbolisch die Nacht steht und wofür der Tag.

c) Beende die folgenden Sätze.

Für mich bedeutet der Satz,

Auf mich wirkt die Stimmung der Zeilen

Wenn ich das Sprichwort lese, so erwarte ich inhaltlich vom Buch,

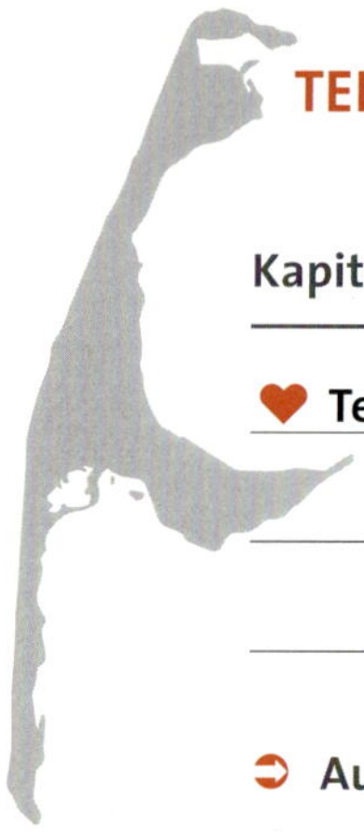

TEIL I – Die Insel (S. 5–90)

Wie du bereits im Lesekamm auf Seite 4 gesehen hast, sollst du Sätze, die dich beim Lesen besonders berührt haben, mit einem Herz versehen. Schreibe immer an den Anfang des Kapitels die für dich wichtigste Textstelle heraus.

Kapitel EINS | S. 7–23

♥ **Textstelle:** ______________________

____

____

➲ Aufgabe 1

a) Durch den gesamten ersten Teil ziehen sich zwei Handlungsstränge (siehe Infokasten).
Lies die erste Seite des Jugendromans (S. 7) gründlich und untersuche die beiden Handlungsstränge nach ihrer Erzählweise (Tempusform, Perspektive) und ihrem Inhalt (Figuren und Informationen). Schreibe in die Kästchen vor den Antwortmöglichkeiten ein **A** für den ersten Handlungsstrang von Z. 1–10 und **B** für den zweiten Handlungsstrang von Z. 11–25. Streiche unpassende Stichworte durch.

Handlungsstrang A
(Z. 1–10)

Handlungsstrang B
(Z. 13–25)

☐ Ich-Erzähler ☐ keine Angabe zu Zeit und Ort ☐ Sam ☐ Schweigen ☐ Elbe

☐ Er-Erzähler ☐ überwiegend Präteritum ☐ Großmutter ☐ Kanama ☐ August

☐ Autofahrt ☐ Freude ☐ Blut ☐ Mum ☐ Winter ☐ überwiegend Futur I

☐ Tod ☐ überwiegend Präsens ☐ Umzug ☐ Traurigkeit und Tränen ☐ Panik

AB | S. 44
Roman

Ein **Handlungsstrang** ist eine durchgängige Handlung, die sich durch eine Erzählung zieht. Manche Erzählungen sind mit verschiedenen Handlungssträngen durchwoben, wobei es meist einen **Hauptstrang** (Haupthandlung) und einen oder mehrere **Nebenstränge** (auch Nebenhandlung) gibt. Diese können z. B. Erinnerungen, Rückblicke oder Parallelgeschichten sein. Meist laufen die Haupt- und Nebenstränge am Ende der Erzählung zusammen.

b) Stelle mithilfe deiner Beobachtungen Vermutungen an, welcher Text der Haupt- und welcher der Nebenstrang ist. Begründe deine Meinung.

Text A ist ______________________

____

Text B ist ______________________

____

Aufgabe 2

a) Im Laufe des ersten Kapitels erfährt der Leser immer mehr über die/den zunächst unbekannte/-n Ich-Erzähler/-in.
Lies das erste Kapitel und fülle die Lücken, um die Informationen zu vervollständigen.

Diese Aufgabe wird sich wiederholen, da du in den nächsten Kapiteln neue Informationen erhalten wirst. Dadurch „schärft" sich dein Bild dieser Figur.

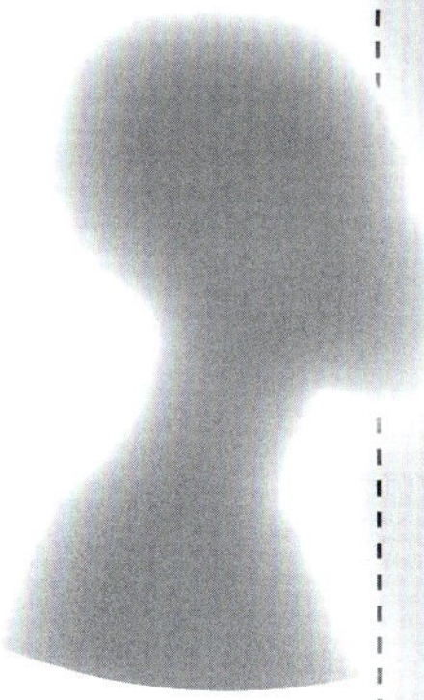

- *Wurde an einem Augustsonntag in ____________________ geboren.*
- *Ihr Vater gab ihr den Namen ________________, was so viel bedeutet wie „____________________________________".*
- *Später nannte sie ihr Vater auch ___________, was übersetzt „___________" heißt.*
- *Ihre Geschwister waren mindestens ________ Jahre älter als sie.*
- *Ihre Kuh, die sie sehr liebte, hieß ___________ – „______________".*
- *Eines Tages fand sie ______________________________________.*
  Seit diesem Tag ______________________________________.

b) Hanna Jansen drückt Sams Stimmung auf dem Weg nach Sylt indirekt (z. B. durch das Wetter) aus.
Schreibe Textbelege (mit Seiten- und Zeilenangabe) in die Wolke, die darauf hinweisen, wie Sam sich auf dem Weg in seine neue Heimat fühlt.
Bestimme seine Gefühlslage anschließend.

„Tränenreste" (S. 7, Z.)

Sams Stimmung: ______________________________________

c) Über Sams Eltern erhältst du im ersten Kapitel ebenfalls wichtige Informationen.
Beschreibe Felicitas und Luk aus Sams Sicht.

Aussehen: ____________________

Verhalten/Charakter: ____________________

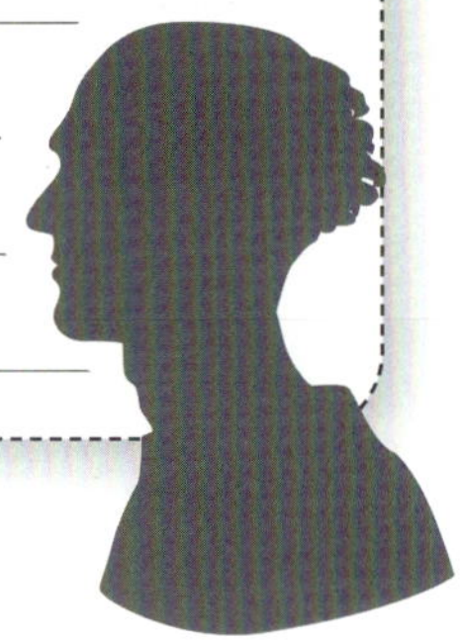

Aussehen: ____________________

Verhalten/Charakter: ____________________

AB | S. 38 ff.
Figuren

d) Auf der Fahrt in die neue Heimat (S. 7–9) hängen Felicitas, Luk und Sam ihren eigenen Gedanken nach. Was könnte den drei Figuren durch den Kopf gehen?
Notiere in die Gedankenblasen passende Gedanken aus der Sicht der jeweiligen Figur.
z. B. Fe: Ob mir der Probeumzug helfen wird? Was ist, wenn nicht? Wie kann ich …

Die „Kaufhaussache im April"...

➲ Aufgabe 3

a) Lies die Seiten 12 und 13 im Jugendroman oder höre die betreffende Stelle im Hörbuch.
Fülle anschließend die Lücken des Polizeiberichts. Achte dabei auf die korrekte Zeitform.

Name: Ort, Datum:

Zum Sachverhalt:

Am heutigen Tag wurde eine Frau im Kaufhaus in der Kronenstraße ohne erkennbaren Grund auffällig, indem sie ....

....

....

Nachdem sie mehrmals angesprochen wurde, versperrte ihr der dort zuständige ....
.... den Weg und informierte die örtliche Polizeidienststelle.
Ein Ladendiebstahl konnte nicht festgestellt werden.
Die Polizeibeamten Müller und Frank fuhren zum Einsatzort und nahmen die Frau in Empfang.
Sie verweigerte die Aussage, schien aber bei guter körperlicher Gesundheit zu sein.
Daraufhin fuhren die Beamten die Frau im Streifenwagen zu der im Ausweis angegebenen Adresse.
Dort nahmen ihr .... sowie ihr .... sie in Empfang.
Augenscheinlich stand die Frau ....
Von einer Strafanzeige wurde abgesehen.

b) Stelle Vermutungen an, warum Sams Mutter im Kaufhaus auffällig wurde.

____

____

Überprüfe nach dem Lesen jedes Kapitels dein Wissen, indem du die Begriffe in ihrem Sinnzusammenhang erklärst und dem Kapitel eine Überschrift gibst. Tausche dich anschließend mit einem/einer Partner/-in aus.

TEIL I – Kapitel 1 | Titel:

Kanama	Mr. Striptease	Klaus

Kapitel ZWEI | S. 24–39

♥ **Textstelle:** ____________________

____

➲ Aufgabe 1

Lies das zweite Kapitel und beende die Sätze mithilfe der Informationen der Ich-Erzählerin.

Ihr Vater ____________________.

Eines Nachts mussten Inyana, ihre Mutter und ihre Schwestern ____________________ ____________. In ständiger Gefahr versteckten sie sich tagelang ____________________ ____________________.

Als das Morden vorbei war, ____________________ ____________________

Nachdem sie alles verloren hatten, zogen sie ____________________.

Dort fand ihre Mutter Arbeit als ____________________ ____________________.

Nach der Schule musste sie ____________________.

Dort lernte sie aber Munyemana kennen, mit dem sie ____________________ ____________________.

➲ Aufgabe 2

a) Überprüfe dein Wissen, indem du die Aussagen zum Inhalt mit einem **r** (richtig) oder einem **f** (falsch) markierst.

○	Sam wird von seiner Mum, seinem Dad und dessen Studienfreund Peter zur Schule gebracht.
○	Die Schule wirkt einladend, sie ist neu und sieht modern aus.
○	Sams Mum zieht mit ihrem Outfit – enges weißes Leinenkleid und eleganter Hut – alle Blicke auf sich.
○	Als Helen und ihre Tochter den Schulhof betreten, spürt man, dass die anderen ihnen feindselig gegenüberstehen.
○	Enna und Sam sitzen in der Schule nebeneinander, doch sie reden kaum miteinander.
○	Julia und Kathrin interessieren sich für Sam und halten sich vor Schulbeginn bewusst in seiner Nähe auf.
○	Felicitas ist nur selten früh genug auf, um Sam und seinem Vater Frühstück zu machen.
○	Sams beste Freunde in Hamburg heißen Jan und Olli.
○	Herr Pitzow, der Klassenlehrer, ist für sein Gerechtigkeitsempfinden und seine ruhige Ausstrahlung bekannt.
○	Sam ist der Einzige, der Enna bei der Klassensprecherwahl gewählt hat.

b) Diskutiert in der Klasse gemeinsam die falschen Sätze und verbessert sie mündlich.

c) Welchen Vergleich zieht Sam gedanklich, als er Enna das erste Mal vor der Schule sieht? Schreibe die Textstelle mit Zeilenangabe heraus.

d) Lies die genaue Beschreibung von Ennas äußerem Erscheinungsbild auf S. 25 und zeichne Enna nach diesen Angaben.

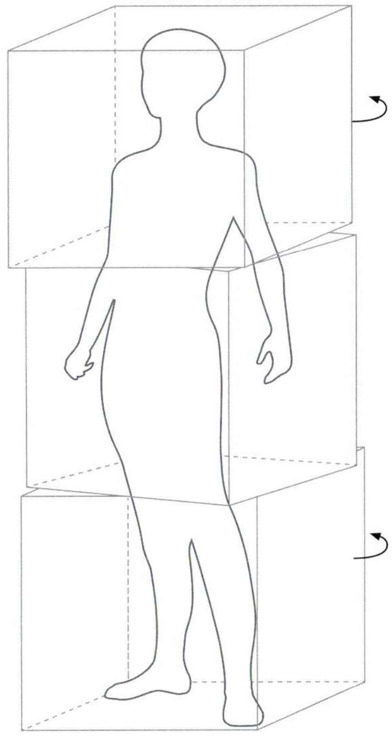

e) Als Sam abends im Bett liegt, geht ihm die Auseinandersetzung mit Enna nicht aus dem Kopf. Er denkt über das Gespräch mit ihr nach der Klassensprecherwahl nach. Schreibe diesen inneren Monolog in dein Lesebegleitheft. Du kannst einen der folgenden Anfänge nutzen.

- *Ich verstehe das nicht! Warum war Enna so sauer auf mich? Ich wollte doch nur …*
- *Ich werde aus Enna nicht schlau. Nie hätte ich ihr zugetraut, dass sie …*
- *Habe ich heute etwa einen Fehler gemacht? Hätte ich vielleicht lieber …*

Produktive Schreibaufgabe 1

Tipp: Hinweise zum Schreiben eines inneren Monologes findest du in der Übersicht auf S. 61.

Setze auch hier die zwei vorgegebenen Stichworte in ihren Zusammenhang. Überlege dir anschließend einen weiteren für dich wichtigen Begriff, den du ebenfalls erklärst.

TEIL I – Kapitel 2 | Titel:

Eine Insel auf der Insel	Eine Stimme	…

Kapitel DREI | S. 40–59

❤ **Textstelle:**

➲ **Aufgabe 1**

a) Recherchiere im Internet nach den Begriffen „Hünengrab" und „Findlinge".
Schreibe die Definitionen auf die Linien und skizziere die Gebilde daneben.

„Hünengrab":

„Findlinge":

b) Sam erinnert sich an das Spiel, das seine Mutter vor zwei Jahren am Strand gespielt hat. Schreibe eine kurze Spielanleitung.

c) Versuche, mithilfe der Spielanleitung das Spiel nachzuspielen.
Du brauchst nicht mehr als ein paar Steine hierfür.

➲ **Aufgabe 2**

a) Auch in diesem Kapitel erfährst du viel über die Ich-Erzählerin.
Um wen handelt es sich hierbei? Begründe deine Annahme mit einer passenden Textstelle.

Begründung:

b) Nutze die Informationen, um das Figurenporträt auf S. 39 zu vervollständigen.

Füge ab jetzt selbstständig die Informationen, die du aus der Nebenhandlung erhältst, in das Figurenporträt ein.

AB | S. 39
Figurenporträt

Aufgabe 3

a) Beende folgende Sätze sinnvoll. Nutze hierzu die Inhalte der Buchseiten 44–55.

Ennas Hund heißt Jona, weil

Sam findet am Strand

Zu Hause bei Enna erzählt sie Sam, dass ihre Mutter sagt, zu jedem gehöre

Enna erzählt, dass ihre Mum eine Heilerin sei, das heißt

Helen heilt Menschen durch

b) Als Sam seinen Vater auf der Terrasse trifft, will er ihm eigentlich von Enna und ihrer Mutter erzählen. Doch das Gespräch zwischen ihnen läuft nicht wie erhofft.
Schreibt zu zweit das Geprách so um, dass die Kommunikation positiv und wertschätzend verläuft.
Du kannst hierzu den vorgegebenen Anfang nutzen.

Produktive Schreibaufgabe 2

Sam: *Hi Dad.*

Luk: *Hallo Sam. Wo kommst du jetzt erst her?*

Sam: *Ich war beim Hünengrab und danach bei Enna. Dad?*

Luk: *Hmmm?*

Sam: *Enna sagt, ihre Mutter sei eine Heilerin.*

Luk: ...

Um ein Gespräch positiv und deeskalierend zu gestalten, bieten sich **Ich-Botschaften** an. Durch sie drückst du dein Empfinden aus der **Ich-Perspektive** aus.
→ *z. B. Ich fühle mich heute so glücklich und gleichzeitig so traurig, weil ...*

c) Tragt dieses Gespräch eurer Klasse szenisch vor und vergleicht es anschließend mit anderen Versionen. Denkt dabei an Mimik, Körpersprache und Stimmgestaltung.

d) Diskutiert in der Klasse, ob die vorgetragenen Gespräche positiver und wertschätzender gestaltet wurden als im Roman und sie inhaltlich stimmig sind.

Aufgabe 4

a) Sam steht unschlüssig vor Ennas Tür und überlegt, ob er zu ihr gehen soll.
Schreibe Gründe in die Kästen, die ihn davon abhalten und die ihn dazu bringen, zu Enna zu gehen. Gehe dabei auch auf die Rolle des Herzsteins ein.

–

+

b) Als Sam in Ennas Koje liegt, erzählt er ihr von seiner Mutter Fe.
Schreibe stichpunktartig in die Sprechblasen, was Sam Enna über seine Mutter erzählt.

AB | S. 48
Symbolik

c) Auf S. 55 spricht Sam von seinem „dritten Auge".

- Was sieht er mit diesem?

___

- Stelle Vermutungen an, inwiefern sich die Wahrnehmung seines „dritten Auges" von seinem normalen Sehvermögen unterscheidet.

___

___

TEIL I – Kapitel 3 | Titel:

Heilerin	Elizabeth	...

Kapitel VIER | S. 60–74

Textstelle:

Aufgabe 1

a) Enna erzählt Sam von ihrem Vater. Schreibe auf, welche Informationen wir über ihn erhalten.

b) Wie kommt Enna mit der Abwesenheit ihres Vaters klar? Deute mithilfe von passenden Textstellen (S. 61–62).

Aufgabe 2

a) Ergänze mit den Buchseiten 64–65 den Klappentext der Novelle *Das Erdbeben in Chili*[1].

b) Sam findet die Rolle des Zufalls „maßlos übertrieben" (S. 65, Z. 12), obwohl doch sein eigenes Leben stark vom Zufall geprägt ist. Formuliere eine Antwort, die ihn vom Gegenteil überzeugt.

Heinrich von Kleist
Das Erdbeben in Chili

Kleists Novelle handelt von …

Eine **Novelle** ist eine kürzere oder mittellange Erzählung, die meist von einem einzelnen Ereignis erzählt und daher einen geradlinigen Handlungsverlauf mit einem schicksalshaften Ereignis aufweist.

Im **Downloadbereich** findest du weitere Informationen zur Novelle.

1 Im Roman als *Das Erdbeben von Chili* betitelt. (S. 64, Z. 29–30)

c) Ergänze die Tabelle.

Äußerung Luk:	Reaktion Fe:
„»Mag ja sein, dass es euch noch zu früh erscheint, doch ich glaube, es wird langsam Zeit für eine Weichenstellung ... Also, ich meine ... falls wir nach dem Probejahr auf der Insel bleiben wollen ...«“ (S. 66, Z. 28–31)	Reaktion Sam:

Äußerung Sam:	Reaktion Fe:
„»Bei diversen Inselkatastrophen sind schon jede Menge Leute umgekommen. Mehr als hunderttausend sogar mal auf einen Schlag!«“ (S. 67, Z. 29–30)	Möglicher Grund:

➲ Aufgabe 3

a) „Wie soll er Enna morgen bloß in die Augen sehen? Als Spanner, der versucht hat, ihre Mutter auszuspionieren ...“ (S. 74, Z. 3–4)
Beschreibe, was Sam am Fenster gesehen hat.

b) Diskutiert in der Klasse, was ihr an Sams Stelle über diese Situation denken würdet, wenn ihr sie heimlich beobachtet hättet.

TEIL I – Kapitel 4 | Titel:

Eine „solche“	Feindesland	...

Kapitel FÜNF | S. 75–90

♥ **Textstelle:** ____________________

____

➲ Aufgabe 1

a) „Wenn du landeinwärts, ganz im Inneren der Insel bist und plötzlich Salz auf den Lippen schmeckst, dann ist der Blanke Hans unterwegs. Dann ist Orkan angesagt!“ (S. 75, Z. 1–3)

Recherchiere im Internet, was mit dem „Blanken Hans“ gemeint ist und schreibe eine kurze Zusammenfassung.

____

____

____

b) Wofür könnte dieses Wetterereignis metaphorisch stehen?
Denke dabei besonders an Sams und an Felicitas' Innenleben und deute diese Metapher.

AB | S. 47
Stilmittel

____

____

____

c) An dem Tag, als sich Sam mit Enna am Strand trifft, und in der Nacht, in der seine Mutter verschwindet, durchlebt Sam in kurzer Zeit verschiedene Emotionen.
Stell dir folgende Welle als Sams Stimmungskurve vor. Trage jeweils an den vorgegebenen Positionen passende Textstellen aus Kapitel fünf ein.

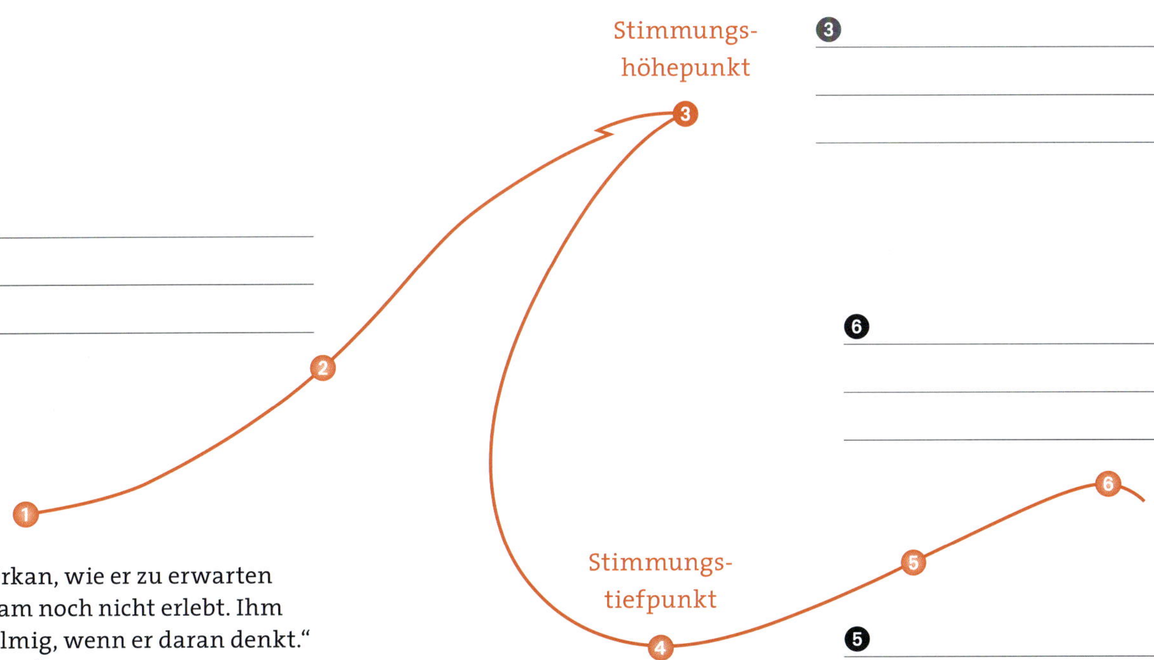

❶ „Einen Orkan, wie er zu erwarten ist, hat Sam noch nicht erlebt. Ihm wird mulmig, wenn er daran denkt.“ (S.75, Z. ... ...)

❷ ____________________

❸ ____________________

❹ ____________________

❺ ____________________

❻ ____________________

➲ Aufgabe 2

a) Als Luk und Sam das erste Mal über Felicitas' Vergangenheit sprechen, äußert sich Luk auch über Felicitas' Gesundheitszustand. Schreibe die passende Textstelle mit Seiten- und Zeilenangabe heraus.

____

____

AB | S. 54 f. Genozid

b) Gleiche die Informationen in diesem Kapitel zum Völkermord in Ruanda mit denen auf S. 54 f. ab und bearbeite die zugehörigen Aufgaben. Beachte auch die Zeittafel in deinem Buch ab S. 199.

c) Luk erzählt seinem Sohn auch, wie er und Fe sich kennengelernt haben.
Vervollständige die Stationen ihrer gemeinsamen Geschichte.

Fe floh, kurz nachdem das Morden angefangen hatte, nach ____________________

→ Sie bekam bald einen Job als ____________________

↓ Luk reiste in das Hotel, in dem Fe arbeitete, weil ____________________

← Ihre erste Begegnung, wenn man es so nennen will, war ____________________

↓ Luk nahm Fe bewusst wahr, ____________________

→ Weil die beiden sich nicht mehr sahen, hinterlegte Luk für Fe ____________________

↓ Wieder zufällig trafen die beiden sich, als ____________________

← Von ihrem Lächeln fasziniert, lief ____________________

↓ Schließlich ____________________

d) „Nein!, dachte ich auf einmal, das alles kann doch nicht nur Zufall sein, es ist mehr ..." (S. 86, Z. 23 f.)
Wie könnte der Schluss von Luks Satz lauten?

____

e) Vergleiche nun die unterschiedlichen Positionen von Sam und Luk zum Thema *Zufall* und *Schicksal*. Nutze hierzu auch das Wissen aus Aufgabe 2 b) auf der Seite 15.

Sams Meinung:	Luks Meinung:

f) Überlege dir zunächst alleine, wie du zu dem Thema *Zufall* und *Schicksal* stehst. Diskutiert anschließend in der Klasse. Hierzu könnt ihr die Methode der Streitlinie einsetzen. Positioniert euch zu dem Thema *Zufall* und *Schicksal* im Klassenzimmer auf einer gedachten Linie zwischen **„starker Einfluss auf mein Leben“** und **„kein Einfluss auf mein Leben“** und diskutiert euer Ergebnis.

➲ Aufgabe 3

a) Helen bietet Fe an, ins Haus zu kommen, „bis sich der Sturm gelegt haben würde.“ (S. 89, Z. 24). Auch hier hat der „Sturm“ eine metaphorische Bedeutung. Überprüfe deine Vermutung aus Aufgabe 1 b) und gehe gezielt auf die Bedeutung des „Sturms“ in der genannten Situation ein.

AB | S. 47 Stilmittel

b) Auf Seite 90 befindet sich eine weitere doppeldeutige Ausdrucksweise. Nenne diese und erkläre, was damit gemeint sein könnte.

c) Welchen Entschluss fasst Felicitas am Ende des Tages?

d) Im fünften Kapitel erfährst du auch, an wen die Erzählungen der Nebenhandlung gerichtet sind. Kreuze richtig an.

AB | S. 45 Erzählform

☐ Luk ☐ Sam ☐ an sich selbst

TEIL I – Kapitel 5 | Titel:

Umehire	1994	...

TRANSITION (S. 91–100)

Textstelle:

Aufgaben

a) Dieses Kapitel trägt den Namen „Transition" (S. 91). Übersetze das Wort auf Deutsch und erkläre, was dieser Begriff in Bezug auf die Romanhandlung meinen könnte.

AB | S. 41
Nähe und Ferne

b) Beschreibe das momentane Verhältnis zwischen Sam und seinem Vater.
Notiere dann drei aussagekräftige Textbelege mit Seiten- und Zeilenangaben.

Verhältnis:

S. … Z. … →

S. … Z. … →

S. … Z. … →

c) Kreuze die richtigen Aussagen an, korrigiere die falschen.

- ☐ Felicitas erzählt Sam die Geschichte von ihrer Flucht nach Europa.
- ☐ Sams Mum ist nun schon ein Jahr in Ruanda.
- ☐ Luk und Sam befinden sich auf dem Weg nach Kigali.
- ☐ Felicitas ruft in der Zeit ihrer Abwesenheit regelmäßig an und schreibt auch.
- ☐ Sie wohnt in einer Einzimmerwohnung, die sie nur für ihren Aufenthalt gemietet hat.
- ☐ Sam und sein Vater verbrachten Weihnachten alleine auf Sylt.
- ☐ Die Freundschaft zwischen Sam, Olli und Jan ist nicht mehr wie früher.
- ☐ Es ist die zweite Reise, die sie Fe zuliebe machen. Die erste ging nach Spanien.

d) „Dieses Bild nahm ich mit nach Europa." (S. 97, Z. 13)
Lies die betreffende Textstelle nach und erkläre den Satz in deinen eigenen Worten.

TEIL II – Ein anderer Kontinent (S. 101–184)

Aufgaben

a) Auch dieser Teil beginnt mit einem afrikanischen Sprichwort (S. 101).
Schreibe es auf das Banner und deute es.

Deutung: ______________________________

____

b) Recherchiere im Internet und …

- verorte in die stumme Karte oben rechts den Staat Ruanda mit einem roten Punkt.
- fülle die Lücken in der Tabelle[1] und vergleiche die beiden Staaten miteinander.

	Ruanda	Deutschland
Region:	Ostafrika	
Hauptstadt:		Berlin
Fläche in km²:	26.340 km²	
Einwohnerzahl:		83.133.000
Durchschnittsalter:	18,2 Jahre	
Landessprache:		Deutsch
Durchschnittseinkommen:	741 €	
Staatsform:		Parlamentarische Republik

c) Würdest du gerne nach Ruanda reisen?
Schreibe Gründe auf, die dafür sprechen (+) und welche, die dagegen sprechen (–).

+	–

1 https://www.laenderdaten.info/ (26.03.2021)

Kapitel EINS | S. 103–108

♥ **Textstelle:**

➲ Aufgabe 1

a) Auf Sam prasseln viele Eindrücke ein, als er und Luk aus dem Flugzeug steigen.

AB | S. 38, 40 Figuren

- Umkreise die Adjektive mit Hellblau, die Sams Stimmung in dieser Situation am besten beschreiben.
- Umkreise mit Türkis die Adjektive, die auch auf Luk zutreffen.
- Vergleicht und diskutiert eure Ergebnisse. Nutzt auch passende Textstellen, um eure Meinung zu belegen.

feierlich | dankbar | verunsichert | verängstigt | euphorisch | nervös |

erleichtert | gespannt | frustriert | überfordert | erschlagen | angespannt |

Findest du noch weitere passende Adjektive?

b) „Es ist Mum. Und doch auch wieder nicht." (S. 105, Z. 1).
Inwiefern hat sich Felicitas äußerlich verändert? Notiere.

... in Deutschland:	... in Ruanda:

➲ Aufgabe 2

Im Tagebuch erzählt er Enna von seinen ersten Eindrücken nach seiner Ankunft. Wenn Enna diesen Text lesen könnte, mit welchen Worten würde sie Sam wohl trösten? Schreibe mögliche Aussagen von ihr auf.

Enna

TEIL II – Kapitel 1 | Titel:

anders	Musa	...

Kapitel ZWEI | S. 109–117

Textstelle:

Aufgaben

a) Versuche, diese Worte in der Landessprache Ruandas selber auszusprechen.

Mwiriweho	-	Good afternoon
Murabeho	-	Goodbye
Urakose	-	Thank you
Mumeza mute	-	How are you?

b) Notiere einige Eindrücke von den Gebäuden und den Menschen in Kigali, die Sam auf seiner Reise durch die Stadt sammelt.

c) Wie heißt der Präsident von Ruanda im Roman? Überprüfe mithilfe des Internets, ob dieser noch in seinem Amt ist.

AB | S. 54 f.
Völkermord in Ruanda

d) Die Busfahrt aus dem Zentrum hinaus entpuppt sich als ganz neue Erfahrung für Sam und seinen Vater. Versuche, dich in diese Situation hineinzuversetzen und notiere mögliche Sinneseindrücke. Lies hierzu S. 113 f. oder höre die betreffende Stelle im Hörbuch.

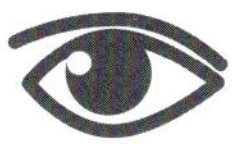

e) „Zwei Fremde unter Fremden [...].“ (S. 117, Z. 1)
Erkläre, was Sam mit dieser Aussage meint.

AB | S. 43
Kigali

f) Was erfährt der Leser über die Menschen, bei denen Fe lebt?
Fülle die beiden Steckbriefe aus.

Name: *(Mama) Munyemana*

Spitzname:

Aussehen:

Sams erster Eindruck:

Name: *Jean-Claude*

Sprachen:

Aussehen:

Verwandtschaftsgrad:

Ist der von Munyemana.

Sams erster Eindruck:

g) Beschreibe, wie Fe bei Mama Munyemana und Jean-Claude lebt.
Nutze hierzu die Schilderungen aus Sams Tagebuch.

TEIL II – Kapitel 2 | Titel:

Bazungu	Mama Munyemana	...

Kapitel DREI | S. 118–127

Textstelle:

Aufgabe 1

a) „»Hier ist was passiert [...] und wir wollen wissen, was!«" (S. 120, Z. 12)
Beantworte die Fragen zu der Textstelle.

- **Wer sagt das?**
- **Was ist passiert?**
- **Wie reagiert Sam?**

b) *„Unsere Kinder?"* (S. 121, Z. 20)
Lies dir die Textstelle durch und schreibe einen kurzen inneren Monolog, was Sam bei diesen Worten seiner Mutter wohl durch den Kopf geht.

c) Wodurch muss Sam unwillkürlich an Szenen der Gewalt denken, als er das Klassenzimmer des Waisenhauses betritt? Beziehe hierzu passende Textstellen ein (S. 123).

d) Vervollständige die Sätze mit den Informationen, die du aus Sams Tagebucheintrag erhältst (S. 124–127).

Sam und sein Vater sind seit ____________________ in Ruanda.
Die Kinder im Waisenhaus sehen ____________________ aus. Ihre Köpfe sind ____________________, damit ____________________ ____________________.
Sie besitzen kein ____________________, weil die Spendengelder gerade mal für ____________________ reichen.

Aufgabe 2

a) Im Restaurant traut sich Sam dann doch, seiner Mutter wichtige Fragen zu stellen. Schreibe die vier Fragen auf, die Sam seiner Mutter stellt, und notiere stichwortartig ihre Antworten dazu.

1 →

2 →

3 →

4 →

b) Welche Frage konnte oder wollte Sam seiner Mutter nicht stellen?
Schreibe sie ebenfalls auf und begründe, warum Sam diese Frage nicht gestellt hat.

Begründung:

TEIL II – Kapitel 3 | Titel:

Jean-Baptiste	Einschusslöcher	...

Kapitel VIER | S. 128–135

Textstelle:

Aufgabe 1

a) Lies S. 128–130 oder höre die betreffende Stelle im Hörbuch.

b) Das Familienessen im Restaurant Chez Robert verläuft nicht so wie erhofft. Sam entschließt sich, den Tisch zu verlassen. Schreibe Sams Gedanken aus der Ich-Perspektive auf, kurz bevor er den Tisch verlässt.

c) „Und mitgerissen vom Bewegungsfluss der anderen, fühlt er, dass auch er etwas davon in sich hat." (S. 133, Z. 1 f.) Was könnte Sam mit „etwas davon" meinen?

d) Kreuze die Sätze an, die inhaltlich richtig sind. Sie beziehen sich auf Sams Tagebucheintrag (S. 133–135).

- ☐ Luk hat sich überstürzt entschieden, eine Rundreise durchs Land zu machen.
- ☐ Er ist seit einer Woche unterwegs zu den Berggorillas im Vulkan-Nationalpark.
- ☐ Sam wäre auch gerne mitgegangen, will aber die Zeit mit seiner Mutter verbringen.
- ☐ Sam glaubt, dass sein Vater gut mit der Situation zurechtkommt.
- ☐ Er weigert sich, zu seiner Mutter zu ziehen, obwohl sie es ihm mehrmals angeboten hat.
- ☐ Sam hofft, dass er mit seinen Eltern zusammen wieder nach Deutschland fliegen kann.

e) Vergleicht eure Ergebnisse in Partnerarbeit und korrigiert mündlich die falschen Sätze.

Aufgabe 2

In seinem Tagebuch schreibt Sam für Enna eine Botschaft. Dazu benutzt er ein Mesostichon. Probiere selbst ein solches aus, indem du eines zum Wort **SAM** bildest. Dabei kannst du zwischen zwei Schwierigkeitsstufen wählen:

1. Du suchst deutsche Wörter aus, die zu Sam passen und setzt sie ein.
2. Du findest passende Wörter in Kinyarwanda und setzt sie an der richtigen Stelle ein. Vergiss dabei nicht, die deutsche Übersetzung daneben zu schreiben. Du kannst hierzu einen Online-Übersetzer nutzen (Deutsch – Kinyarwanda).

S

A

M

Ein **Mesostichon** ist einem Akrostichon ähnlich, allerdings ergeben nicht die Anfangsbuchstaben, sondern Buchstaben in der Mitte von untereinandergeschriebenen Wörtern einen Sinn. Oft sind das Namen oder Botschaften.

TEIL II – Kapitel 4 | Titel:

Chez Robert	„Single Ladies“	...

Kapitel FÜNF | S. 136–145

Textstelle:

Aufgaben

a) Verbinde die Sätze sinnvoll miteinander.

Jean-Claude fährt mit Sam auf den Mofataxis	dass er seine Kamera auf dem Markt nicht aus der Tasche nehmen soll.
Seit dem Diskoabend	da sich die Verkäufer wortreich auf ihn stürzen, ihn bedrängen und ihn ständig „Bazungu“ nennen.
Jean-Claude weist Sam zurecht,	er, ohne zu fragen, eine Marktverkäuferin fotografiert hat, die Mutter der Schläger, wie sich später herausstellt.
Sam ist auf dem Markt schnell überfordert,	einen Guide, der sie vor den Verkäufern schützt und zielsicher zu einem Stand mit Hosen bringt.
Für 1000 Francs leistet er sich auf Jean-Claudes Rat hin	für eine kurze Hose, die nicht mehr neu aussieht, aber zumindest gewaschen scheint.
Nach einiger Verhandlung zahlt Sam 2000 Francs	nachdem er den Jungen seinen Speicherchip mit den Fotos überlässt.
Auf dem Lebensmittelmarkt wird Sam brutal gestoßen und geschlagen, weil	ist ihre Beziehung entspannter und Sam hofft, dass sie Freunde werden.
Sam muss sich eingestehen,	zum „Isoko“, dem größten Markt der Stadt, um für Sam eine kurze Hose zu kaufen.
Sam darf dank Jean-Claude seine Kamera behalten,	dass er sich – unbeabsichtigt – den Menschen gegenüber respektlos verhalten hat.

b) Beende folgende Sätze mithilfe des Tagebucheintrags auf S. 143 f.

Sam vermutet, die Menschen dort wollen nicht fotografiert werden, weil ____________________

Sam fällt es schwer zu verstehen, dass ____________________

Er denkt, dass er die kurze Hose nicht anziehen wird, weil ____________________

c) Erläutere die Textstelle.

> *„Hier rufen sie »Bazungu« und in Deutschland manchmal »Neger«. Man könnte drüber lachen. Oder weinen. Je nachdem, wie man es nimmt! Weiß oder schwarz? Was bin ich, Enna? Kannst du mir das sagen?“* (S. 144, Z. 1–4)

AB | S. 38
Sam

____

d) Schildere die Arbeitsbedingungen von Claire, der Zufallsbekanntschaft von Sam (S. 145).

AB | S. 43
Kigali

____

TEIL II – Kapitel 5 | Titel:

Isoko	Speicherchip	...

Kapitel SECHS | S. 146–153

♥ **Textstelle:** ______________________________

____

➲ **Aufgaben**

AR

Gisozi

Die Erinnerungsstätte für den Völkermord 1994 befindet sich tatsächlich in der Stadt Gisozi, nahe der Hauptstadt Kigali.
Sie bildet das Zentrum von sechs größeren Erinnerungsstätten in Ruanda.
Weitere Infos unter: https://kgm.rw/

a) Sam und Jean-Claude machen sich an einem Sonntagmorgen auf den Weg nach Gisozi, damit Sam nicht nur Ruandas Vergangenheit, sondern auch Fes besser zu verstehen lernt.
Vervollständige mithilfe des sechsten Kapitels den Text über die Erinnerungsstätte.

Die Erinnerungsstätte des Völkermordes 1994 befindet sich in ______________ nahe ______________.
Dort sollen ______________ Opfer des Genozids begraben liegen, darunter auch Fes ______________ und ______________.
Auch Jean-Claudes ______________ und seine ______________ liegen dort. Sein Vater ______________ wurde erst vor kurzem umgebettet und liegt jetzt in einem neueren Massengrab im unteren Teil. Es besitzt ______________, damit die Toten, die erst später gefunden werden, noch umgebettet werden können.
Auf einer langen schwarzen Wand kann man unzählige ______________ finden. Sam kann aber die Namen seiner Familie nicht finden, weil ______________ ______________.

AB | S. 48
Symbole

b) Sam entdeckt auf dem Gelände der Erinnerungsstätte eine besondere Blume, die „wie ein leuchtend gelber Stern für sich allein im Gras blüht.“ (S. 149, Z. 9–10).
Zeichne diese Blume und recherchiere im Internet ihre Symbolik.

____

____

____

c) Sam muss unweigerlich an seine Mutter denken, als er die einsame Pflanze im Gras sieht. Erkläre die Parallelen zwischen seiner Mutter und der Blume. Nutze hierzu auch die Rechercheergebnisse aus der vorherigen Aufgabe.

TEIL II – Kapitel 6 | Titel:

Mami Mbarushimana	zweihundertfünfzigtausend	...

Kapitel SIEBEN | S. 154–164

Textstelle:

Aufgaben

a) Beschreibe, wie sich die Beziehung zwischen Fe und Sam durch den Schwimmunterricht verändert. Nutze hierzu auch passende Textstellen.

AR

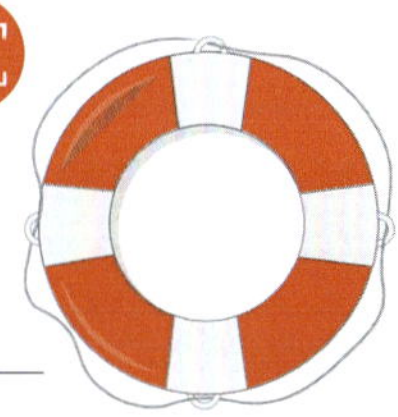

AB | S. 41
Nähe und Ferne

b) Als Fe Sam verkündet, dass sie nicht mit ihm und seinem Vater zurückfliegen wird, geht Sam vieles durch den Kopf. Schreibe in dein Lesebegleitheft einen inneren Monolog aus Sams Sicht. Gehe dabei auf seine jüngsten Erlebnisse mit seiner Mutter, aber auch auf seine Erfahrungen in Gisozi ein. Du kannst den folgenden Anfang nutzen:

Produktive Schreibaufgabe 3

Was sagst du da? Das verstehe ich nicht. Du kannst doch nicht hierbleiben. Wir sind deine Familie! Ich bin dein Sohn! Ich habe dir eben das Schwimmen beigebracht, wir haben gelacht, du ...

c) „»Vielleicht hätte ich ihn sogar richtig lieben können, wenn ...«" (S. 159, Z. 23)
Lies die Textstelle im Buch nach und beende Felicitas' Satz.

d) Erkläre, wie sich Sams Einstellung zum Thema *Schicksal* im Gespräch mit seiner Mutter ändert. Beziehe hierzu auch die Antworten aus den Aufgaben zum Thema (S. 15 und S. 19) ein und schreibe die betreffende Textstelle ab.

Textstelle (S. , Z.):

Erklärung:

Produktive Schreibaufgabe 4

e) Lies dir die Textstelle nochmal durch und schreibe mithilfe dieser Gedankenfetzen Fes Monolog, in dem sie Sam erklärt, warum sie in Ruanda bleiben muss. Schreibe dazu aus der Ich-Perspektive von Fe. Du kannst den vorgegebenen Anfang nutzen und in deinem Heft weiterschreiben.

„Von dem, was sie gesagt hat, haben sich nur Fetzen in ihm festgesetzt: [...]" (S. 158, Z. 12–18)

Sam, es tut mir so leid, ich kann mir vorstellen, wie du dich fühlen musst. Ich würde mit euch gehen, wenn ich könnte. Ich wünschte, ich könnte, aber ...

AB | S. 45 Erzählform

f) Im siebten Kapitel erfährst du, wann, wo und in welcher Form Felicitas Sam ihre Lebensgeschichte erzählt hat (Teil I: Nebenerzählung). Kreuze hierzu die richtigen Aussagen an.

Form:
- ☐ ein persönlicher Brief
- ☐ Tagebuch
- ☐ Gespräch
- ☐ innerer Monolog

Wann und wo:
- ☐ am Flughafen vor der Abreise
- ☐ nachts in Sams Hotelzimmer
- ☐ im Hotelpool, nach dem Schwimmunterricht
- ☐ abends in einem landestypischen Restaurant

TEIL II – Kapitel 7 | Titel:

Hotelpool	„Affenland"	...

Kapitel ACHT | S. 165–179

Textstelle: ______________________________

____

Aufgaben

AB | S. 43
Kigali

a) Verbinde die Namen passend mit den Informationen, die du über sie erfährst.

A: Samuel	... will seiner Mutter an diesem Tag eine Stütze sein. Am Ende des Tages ist er sogar stolzer Kuhbesitzer.
B: Sam	... ist Musas Schwester. Sie lädt Sam und seine Mutter als Ehrengäste zu einem Festmahl in ihr Haus ein. Sie ist sichtlich stolz darauf.
C: Mushiki	... nennt Sam seine neue Kuh. Übersetzt heißt das „die Schwester“. Sie ist kupferfarben, mit langen am Ende leicht abgebogenen Hörnern.
D: Ingabire	... kommt aus Indien und war für Felicitas eine große Stütze, als sie frisch in London ankam. Sie kennen sich aus einem Sprachkurs.
E: Inyana	... wurde Felicitas als Kind genannt. Auch beim Wiedersehen wird sie von den Einwohnern des Dorfes so genannt. Übersetzt heißt der Name: „Kälbchen“.
F: Mukantaganda	... ist die Mutter von Musa. Obwohl sie den Hutu angehört, versteckte sie Inyana und ihre Familie tagelang in ihrem Küchenhaus. Ihr Name bedeutet übersetzt „die Fleißige“.
G: Durga	... ist Felicitas' Vater und Sams Großvater. Er wurde während des Genozids ermordet.
H: Phillippe	... war als Kind Hirtenjunge, ist dann in die Stadt gezogen und hat Papier hergestellt. Inzwischen kann er von der Vermietung seiner Häuser leben.
I: Musa	... ist die Schwester von Felicitas und war in etwa so alt wie Musas Schwester.
J: Sophie	... hatte sich nach dem Tod von Samuel den Rebellen angeschlossen, kam aber später wieder in das Dorf zurück. Er wird Sam als „sein Onkel“ vorgestellt.

b) Felicitas erzählt Sam von ihren Schuldgefühlen.
Lies die Seiten 175–177 im Buch oder höre die Passage im Hörbuch. Schreibe dann passende Textbelege heraus, mit denen sie ihre Gefühle ausdrückt.

____

____

____

____

____

____

AB | S. 50 ff.:
Posttraumatische Belastungsstörung

c) Lies das Interview mit der Psychologin Dr. Jacob durch und erarbeite dir das zentrale Motiv *Posttraumatische Belastungsstörung* auf S. 50 ff.

TEIL II – Kapitel 8 | Titel:

Schulbank	Adressbuch	...

Kapitel NEUN | S. 180–184

♥ **Textstelle:**

➲ Aufgaben

a) Beim gemeinsamen Abendessen bittet Felicitas Luk um einen Gefallen.
Schildere diesen Gefallen und den Grund hierfür.

AB | S. 41
Nähe und Ferne

b) Beschreibe das Verhältnis zwischen Sam und seinem Vater an diesem Abend.
Nutze auch passende Textstellen für deine Antwort.

c) Schreibe auf, an welchen Orten Sam, Felicitas und Luk nun leben wollen.
Ergänze auch jeweils die Beweggründe für ihre Pläne.

Felicitas:

Grund:

Luk:

Grund:

Sam:

Grund:

TEIL II – Kapitel 9 | Titel:

Berggorillas	Internationale Schule	...

DEPARTURE (S. 185–190)

Textstelle:

Aufgaben

a) Was bedeutet das Wort *Departure*? Schlage gegebenenfalls in einem Wörterbuch nach.

b) Stelle Vermutungen an, warum die Autorin Hanna Jansen dem Kapitel gerade diesen Titel gegeben hat.

c) Stellt die Gespräche aus diesem Kapitel szenisch dar. Bildet hierzu drei Gruppen:

Gruppe 1: *Telefonat zwischen Enna und Sam* (S. 186–187)

Gruppe 2: *Gespräch zwischen Sam und Luk* (S. 187–189)

Gruppe 3: *Gespräch zwischen Sam und Felicitas* (S. 189–190)

- Untersucht das jeweilige Gespräch in eurer Gruppe.
- Klärt, worum es in diesem Gespräch geht, wo es stattfindet und welche Stimmungen vorherrschen.
- Notiert die Stimmungslagen neben die betreffenden Stellen im Buch.
- Geht nun zu zweit zusammen und übt das Gespräch als Rollenspiel ein.
- Zur richtigen Vorbereitung können euch Betonungszeichen (im Infokasten) helfen.
- Stellt nun eure Ergebnisse der Reihenfolge nach vor. Wenn ihr mehrere Ergebnisse zu einem Thema vorstellt, vergleicht die Ergebnisse untereinander und mit dem Text.

Betonungszeichen

Unterstreiche Wörter oder Silben, die du betonen willst.

Setze ein / für eine kurze Pause und // für eine lange Pause.

Du kannst ↓ leiser und ↑ lauter sprechen.

Und mit der Stimme hoch- und heruntergehen.

Die Handlung im Überblick

Orte und Geschehen

➲ **Aufgaben**

a) Betrachte die Grafik von links nach rechts.
b) Ermittle die jeweiligen Jahreszahlen und fülle die entsprechenden Lücken.
c) Notiere zu den jeweiligen Stichworten und Überschriften Einzelheiten, die Fe und/oder Sam bzw. Luk betreffen.
Achte auf das Gefühlsleben der Figuren.

London

~ 19..........

I

April ....

II

Der Zufall

Dezember 19.........

RUANDA

Felicitas: Kindheit im Heimatdorf 19........ (Geburtsjahr)

Zeit in Kigali bis ....

Volksgruppen .... und ....
KÄMPFE UND GENOZID

Unser zerstörtes Leben (S. 27)

Erfahrung von Diskriminierung

Tod des Vaters

„das ganze Leben" (S. 78)

Kein Abschied

Der Glücksfall

Das Grauen als Begleiter

HAMBURG

Auswirkungen auf Felicitas:

Vater-Beziehung

Verluste

Flucht

Geburt Sams

Gefühl:

SYLT

Sam und Enna

Heilerin Helen

Herzsteine

August 20...............
bis April ....

Das Beste für Fe?
Konsequenzen für Sam und Luk

Keine Besserung

Entscheidung der Mutter

RUANDA

Rückflug von
.... und ....

Beziehung zu Luk

Sightseeing des Vaters

Osterferien 20...........

Wiedersehen
Dem Grauen begegnen
Getrennte Wege?

Verhältnis zu Jean-Claude

Besuch in Gisozi

Empfang in Fes Heimatdorf

Gespräch mit der Mutter

Fes Entscheidung

Bis Herbst:

____

Gefühl:
Hilfe durch Helen:

Erkenntnisse Sams:

- **Zwei Welten:** ______________________
- **Wer bin ich?** ______________________
- **Trennung der Eltern:** ______________________
- **Meine Kuh:** ______________________

Figurenverständnis und Figurenkonstellation

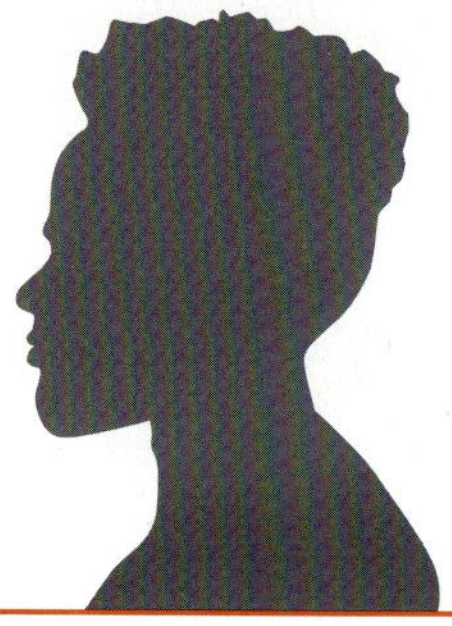

Figurenporträt Sam

➲ Aufgaben

a) Im Zentrum der Handlung steht Sam. Trage die Informationen, die du über ihn erhalten hast, in diesem Figurenporträt zusammen. Nutze hierzu auch die Informationen, die du auf den Seiten 6–35 über ihn gesammelt hast.

❶ Verhältnis zu den Eltern

❷ Verhältnis zu Enna, Freunden und Klassenkameraden

Biografisches und Aussehen:

❺ Themen, mit denen er sich auseinandersetzt

❸ Gedanken und Wünsche

❹ Verhalten in verschiedenen Situationen

b) Tauscht euch über eure Sammlung aus und ergänzt sie gegebenenfalls.

c) In Hamburg, Sylt und Kigali hat Sam neben seinen Eltern Menschen, die ihm wichtig sind. Trage die Namen dieser Figuren an passender Stelle in die Grafik ein. Dabei können diese auch in verschiedenen Abschnitten eine Rolle spielen und ihm unterschiedlich nahe stehen.

distanziertes Verhältnis

enges Verhältnis

Hamburg	**Sylt**	**Kigali**

Figurenporträt Felicitas

Nkulikiyinka

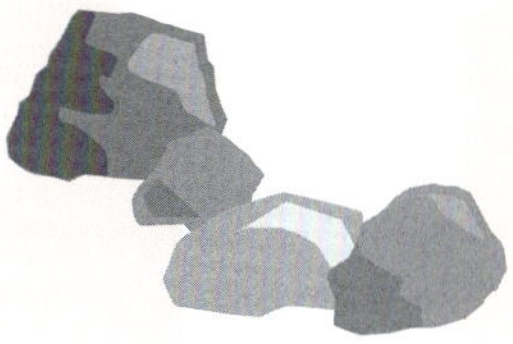

❶ Geburt und Kindheit

❷ Jugend in der Stadt

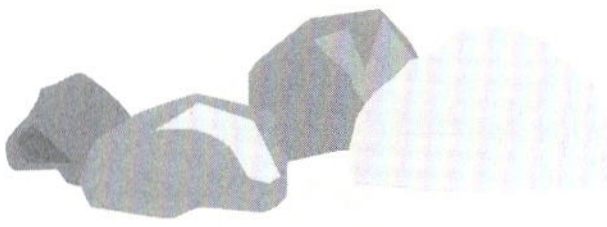

❸ Erste Arbeit und Kennenlernen Luks

Aufgaben

a) Felicitas’ Lebensweg hat viele Stationen. Fülle die Kästen mit Informationen, die du über ihr Leben gesammelt hast. Gehe auch auf Probleme ein.

b) Füge in die Grafik ein, welche Namen sie an den einzelnen Stationen genutzt hat. Orientiere dich am Beispiel.

❹ Leben in Hamburg

❻ Heimkehr nach Ruanda

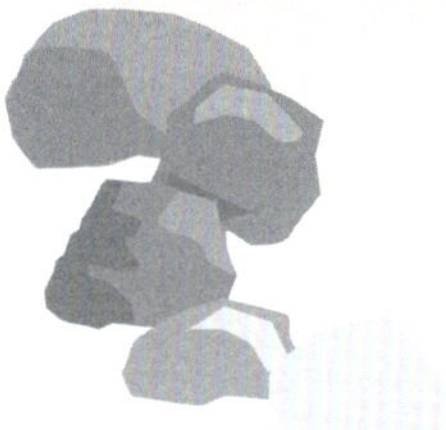

❺ Leben auf Sylt

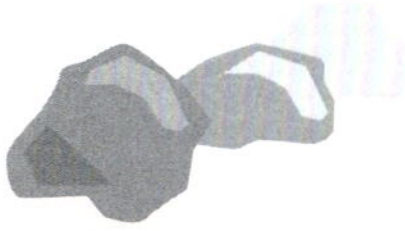

c) Diskutiere zunächst mit einem Partner, dann im Klassenverbund Fes Entscheidung, ihre Familie zurückzulassen und in Ruanda zu bleiben.
Bezieht dabei die gesammelten Informationen über ihren Lebensweg mit ein.

Figurenporträt Luk

➲ Aufgaben

a) Einzelheiten zu den folgenden Rubriken des Figurenporträts erfahren wir durch verschiedene „Augen"/Quellen. Kreuze die richtigen an.

☐ Luks innere Monologe ☐ Luks Verhalten und Aussagen ☐ Angaben von Außenstehenden
☐ eine außenstehende Erzähler/in ☐ Sams Eindrücke, Gedanken, Aussagen ☐ Fes Aussagen

b) Ergänze Stichworte oder kurze Zitate zu Luk in folgenden Rubriken.
Folge deinen türkisfarbenen Markierungen und beziehe deine Ergebnisse aus der Inhaltserschließung mit ein.

❶ Eigenschaften

Aussehen:

❷ Verhältnis zu Felicitas

❻ Berufsleben

❸ Vaterrolle

Biografisches:

❺ Bezug zur Geschichte Ruandas

❹ Verhalten in verschiedenen Situationen

c) Überprüfe, ob die folgenden Adjektive auf Luk zutreffen. Bedenke, wie zuverlässig die Aussagen anderer über ihn sein können. Streiche falsche durch. Bewerte die Ausprägung/Stärke dieser Eigenschaft von 1–5. Notiere die Zahl jeweils hinter dem Begriff. Ergänze die zutreffenden evtl. in den Rubriken oben.

Wörterpool

gleichgültig ☐ ehrlich ☐ unbeherrscht ☐ reserviert ☐ intolerant ☐ energisch ☐
zaghaft ☐ mitteilsam ☐ bestimmt ☐ hilfsbereit ☐ ungeduldig ☐ fremdenfeindlich ☐
besorgt ☐ empathisch ☐ herzlich ☐ durchsetzungsfähig ☐ achtsam ☐ tolerant ☐
großzügig ☐ rücksichtsvoll ☐ ehrgeizig ☐ liebevoll ☐ anschmiegsam ☐ offen ☐
diskussionsfreudig ☐ zögerlich ☐ weitsichtig ☐ zurückhaltend ☐ humorvoll ☐ nachlässig ☐
zugänglich ☐ vorurteilsfrei ☐ verliebt ☐ politisch ☐ engagiert ☐ spontan ☐ kompetent ☐
verlässlich ☐ emotional ☐ lernbegierig ☐ weichherzig ☐ fahrlässig ☐ gütig ☐
verantwortungsbewusst ☐ kreativ ☐ unnahbar ☐

Nähe und Ferne: Sam – Felicitas – Luk

Im Verlauf der Handlung ist Sams Beziehung zu seinen Eltern immer wieder von Gefühlen der Nähe und der Ferne geprägt. Untersuche die Textstellen und positioniere sie in der Grafik.

➲ Aufgaben

a) Finde auf den angegebenen Seiten Zitate, die die Beziehung zwischen Sam und Luk bzw. Sam und Felicitas beinhalten. Notiere die Zitate (auch sinnvoll gekürzt) in den entsprechenden Kästen.

b) Schlage die vorgegebenen Textstellen im Buch nach und ergänze die Zeilenangaben.

c) Markiere im Roman weitere Textstellen, aus denen die Beziehung zwischen Sam und seinen Eltern ersichtlich wird.

☐A S. 94, Z. 6 – 9: „ ______________________________

☐ S. 93, Z. … …: „Neben Dad im Doppelbett zu liegen, war für Sam plötzlich viel zu nah gewesen und zugleich schien sein Vater weiter weg als je zuvor. Als würde das, was sie vor sich hatten, sie schon jetzt verändern, jeden von ihnen in eine andere, ganz andere Richtung treiben.“

☐ S. 157, Z. … …: „ ______________________________

☐ S. 158, Z. 19 – 20: „Sam fragt sich, was er fühlt außer einer großen Leere an der Stelle, wo vorher noch seine Hoffnung war.“

☐ S. 95, Z. 17 – 18: „Es bedrückte ihn, mit anzusehen, wie sehr sein Vater sich bemühte, dabei aber immer stiller wurde.“

☐ S. 9, Z. … …: „Wie so oft wünscht sich Sam, dass er Gedanken lesen könnte, um herauszufinden, was gerade in ihr vorgeht, was sie fühlt und denkt.“

☐ S. 117, Z. … …: „ ______________________________

☐ S. 182, Z. … …: „ ______________________________

d) Deute die Textstellen, indem du sie der zeitlichen Reihenfolge entsprechend sortierst (beginnend mit A) und anschließend in der Grafik anordnest. Verbinde die Punkte bei Felicitas und bei Luk jeweils zu einer Kurve.

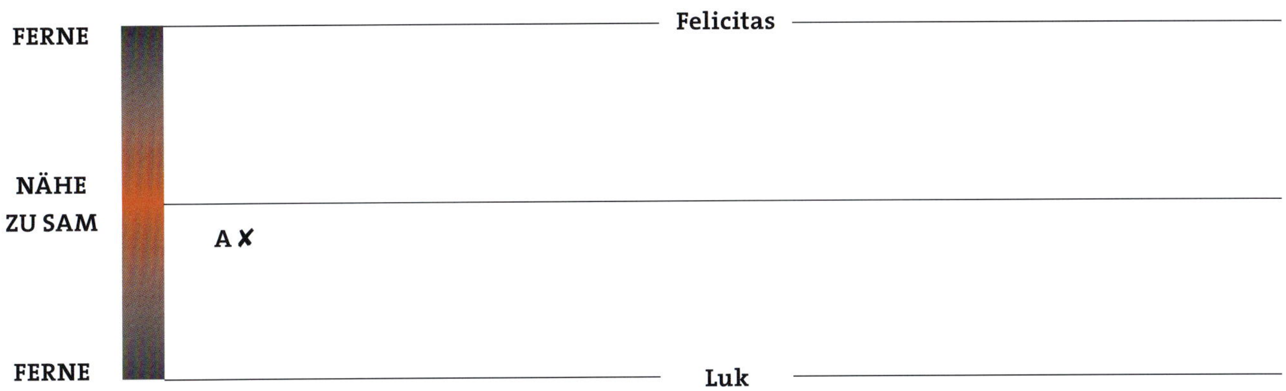

e) Beschreibe, wie sich Sams Beziehung zu seinen Eltern im Laufe der Handlung immer wieder verändert. Beziehe dabei dein Wissen aus den Aufgaben a) – d) mit ein. Schreibe in dein Lesebegleitheft.

Figurenkonstellation Sylt

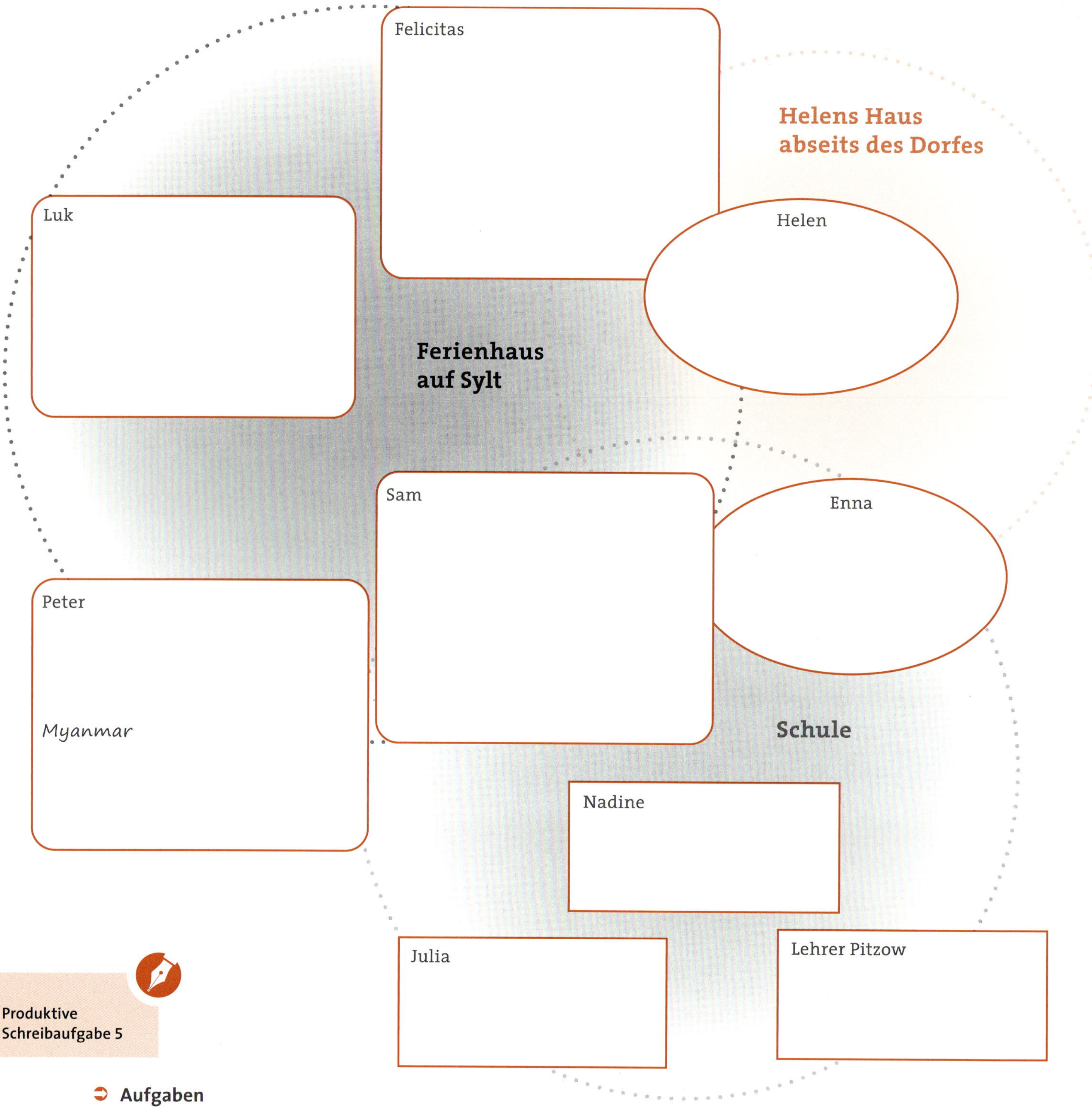

Produktive Schreibaufgabe 5

Aufgaben

a) Verbinde die Figuren mit Linien, die miteinander in Beziehungen stehen. Diese können positiver (gerade Linien), aber auch negativer Art (gezackte Linien) sein. Verwende auch Icons (s. Lesekamm S. 4).

b) Notiere Stichworte zu diesen Beziehungen. Ordne z. B. folgende Aspekte zu, finde aber weitere:

ergreift Partei | Mitläufer/in | Cybermobbing | hilfsbereit | fühlt sich verlassen | befreundet | verspricht sich Selbstheilung für Fe | beliebt | usw.

c) Sam ist nach Ruanda unterwegs. Verfasse einen Tagebucheintrag von Enna, worin sie ihre Einschätzung der in der Grafik dargestellten Beziehungen schildert und ihre Gefühle beschreibt.
Schreibe diesen Eintrag in dein Lesebegleitheft.

Figurenkonstellation Kigali

Kigali/Kimironko vor und nach dem Genozid 1994

Nyirahuku:

Söhne Nyirahukus:

Englisches Ehepaar:

Felicitas' Geburtsort (Dorf) vor und nach dem Genozid 1994

Felicitas' Vater:

Felicitas' Mutter:

Umehire:

Ingabire:

Mukantaganda:

Musa:

Kanama:

Kigali/Kimironko zur Zeit der Reise 2011

Musa:

Jean-Claude:

Mama Munyemana:

Jean-Baptiste:

Claire:

Felicitas' Geburtsort (Dorf) zur Zeit der Reise 2011

Mukantaganda:
altershalber mittlerweile

....

Phillippe:

Sophie:

Mushiki:

➲ Aufgabe

Trage soweit bekannt den Geburtsjahrgang, (falls verstorben) das Todesjahr oder das Alter (Stand 2011) ein. Ergänze Angaben über Verwandtschaft und/oder Bezug zu Fe bzw. Sam. Notiere wichtige Einzelheiten wie z. B. Beruf usw. Füge Pfeile für Zusammenhänge zwischen linker und rechter Spalte ein, wo sich Entwicklungen oder Bezüge ergeben.

Merkmale des Erzähltextes

Dieser lange Erzähltext ist ein Roman. Aufgrund des Alters des Protagonisten Sam trifft auch der Begriff **Jugendroman** zu. Auf den folgenden Seiten lernst du die **Merkmale und den Aufbau von Erzähltexten allgemein und speziell dieses Romans** kennen. Dazu gehören der **Aufbau** und die **Erzählform**, die du auch von anderen epischen Texten her kennst (z. B. **Erzähler, Erzählperspektive**). Auffälligkeiten in Bezug auf **Sprache** und Verwendung von Fremdsprachen sind ein weiteres Teilkapitel. **Stilmittel** bringen Farbe und Vorstellungskraft in eine Erzählung. Noch dazu ist die gezielte Betrachtung dieser Ausdrucksvarianten für die Erweiterung deiner eigenen Schreibkompetenz wichtig. Den Abschluss dieses Kapitels bildet eine Auswahl von **Symbolen und Symbolbereichen**, die ebenfalls in den Bereich der Bildersprache gehören.

Kennzeichen des Romans

➲ **Aufgaben**

a) Romane können chronologisch aufgebaut sein, indem die Handlung dem zeitlichen Ablauf folgt. Ist der Roman *Herzsteine* ebenfalls in einer logischen zeitlichen Abfolge aufgebaut? Begründe.

☐ ja ☐ nein ☐ teils/teils

Begründung: ______________________

____

b) Betrachte die folgenden Grafiken. Wähle diejenige aus, die deiner Ansicht nach Ähnlichkeit mit der Bauform des Romans *Herzsteine* aufweist und beschreibe sie. (vgl. auch die Aufgaben S. 6)

  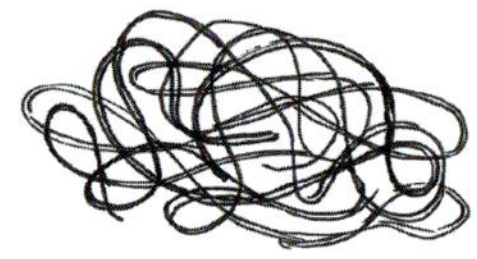 

Begründung: ______________________

____

c) Welche/-r Begriff/-e trifft/treffen für die Gestaltung des Aufbaus zu?

☐ Patchwork ☐ Gewebe ☐ Montage ☐ Geflecht ☐ Fadenspiel ☐ Netzwerk ☐ Knäuel

d) Arten von Romanen werden auch nach ihrem inhaltlichen Schwerpunkt bezeichnet. *Herzsteine* kann als Entwicklungsroman eingeordnet werden. Damit wird der Reifeprozess einer Figur gemeint. Auf wen trifft das deiner Meinung nach zu? Begründe deine Wahl.

____

____

e) An welcher Stelle des Textes erkennst du den Höhepunkt der gesamten Handlung? Begründe.

____

f) Ein besonderes inhaltliches Bauelement des Romans sind *Kanama* und *Mushiki*. Beschreibe es.

____

____

Die Erzählform

Teste dein Vorwissen

Du hast bereits einige Aufgaben zu den Besonderheiten der Erzählformen in *Herzsteine* bearbeitet. Hier vertiefst du deine Kenntnisse.

➲ Aufgabe 1

a) Fülle die Lücken der Grafik mit folgenden Begriffen:
Außenwahrnehmung ohne Innensicht, Überblick und Einblick in alles, Denken und Fühlen ***einer*** *Figur.*

Autorin

1 auktoriale/-r Erzähler/-in oder … **2 personale/-r Erzähler/-in** oder … **3 neutrale/-r Erzähler/-in**

Wiedergabe der Geschichte

b) Notiere an den unteren Pfeilen die jeweils passenden Besonderheiten:
Distanz wie Kamera, Blick einer Figur, Eingriffe in den Handlungsverlauf.

c) Welche Erzähler/-innen begegnen dem/der Leser/-in im Roman *Herzsteine*?
- Nenne und beschreibe die unterschiedlichen Textsorten, die durch die Schriftarten deutlich werden.
- Ordne jeweils zu, ob eine Ich-Erzählform oder eine Er-/Sie-Erzählform vorliegt.

➲ Aufgabe 2

a) Nenne zwei mögliche Gründe, die die Autorin Hanna Jansen für die Wahl dieser Erzählperspektiven hatte.

b) Dennoch erfahren die Leser/-innen auch vom Erleben und den Gefühlen anderer Figuren. Woraus kann z. B. Ennas oder Luks Denken und Fühlen abgeleitet werden? Zitiere jeweils für beide Figuren eine Textstelle, an der das deutlich wird. Nenne einen Begriff für dieses Merkmal von Erzähltexten.

Enna (S. …, Z. …):

Luk (S. …, Z. …):

Fachbegriff:

c) Unterscheide die Begriffe innere und äußere Handlung. Beziehe dabei dein Ergebnis zu Aufgabe 2 b) ein.

äußere H.:

innere H.:

Sprachliche Besonderheiten

Die **Sprachgestaltung eines Romans** bietet unermessliche Möglichkeiten. Du hast schon etliche Bücher gelesen und kennst vielleicht auch Besonderheiten mancher Autorinnen oder Autoren. Auch Hanna Jansen verwendet ihre eigene Sprache und ihre eigenen Ausdrucksmittel. Im grammatikalischen Bereich fallen **Kurzsätze** auf, die du evtl. nicht als Sätze im klassischen Sinne bezeichnen würdest. Der **Satzbau** ist variantenreich: Neben Para- und Hypotaxen finden sich Inversionen, Ellipsen, Parenthesen und nachgestellte Ergänzungen. Daneben fallen **rhetorische Mittel** wie Hyperbeln, Wortneuschöpfungen (Neologismen) und Dreier-Figuren auf. Im Bereich der **Fremdsprachen** setzt die Autorin die verschiedenen Landessprachen Ruandas ein. Auch du kannst sie in produktiven Schreibaufgaben einsetzen.

Aufgabe 1

a) Zitiere die Kurzsätze folgender Textabschnitte nacheinander in die Schreibzeilen. Gib die Zeile(n) an.
S. 45, Z. 3–9; S. 85, 2. Abschnitt; S. 97, vorletzter Abschnitt; S. 152, vorletzter Abschnitt; S. 160, mittig; S. 162, Z. 1–5.

b) Beschreibe die Wirkung, die mit diesen Kurzsätzen erzeugt wird.

c) Nenne zu folgendem Zitat das rhetorische Mittel. Beschreibe die Wirkung mit Blick auf den gesamten Roman.
S. 162, Z. 16: „Fremdes Zimmer, fremdes Land, fremder Kontinent."

Mittel:

Wirkung:

d) Schreibe ein Gedicht von ca. 12 Versen, in dem du das Zitat von sinngemäß mitverwendest: S. 176, Z. 21.
Wähle einen passenden Titel. Gestalte eine Seite mit passender Illustration in deinem Lesebegleitheft.

S. 176, Z. 21: „*Es gibt ...*

Aufgabe 2

a) Über die Landessprache Kinyarwanda schreibt Sam in einem Tagebucheintrag (S. 134, Z. 5–S. 135, Z. 27).
Schreibe drei Sätze über seine Eindrücke und Erkenntnisse.

b) Recherchiere zu den Landessprachen: Warum wird in Ruanda auch Französisch gesprochen?
Schreibe einen Text mit fünf Sätzen zur geschichtlichen Entwicklung der Landessprachen und ihrem Zusammenhang zur Politik. Verwende dazu dein Lesebegleitheft.

c) Beschreibe die Wirkung, die fremdsprachliche Sätze oder Begriffe auf Leser/-innen haben können. Trage den Text in dein Lesebegleitheft ein.

Stilmittel und stilistische Besonderheiten

Wie in allen Künsten werden auch in der Literatur Mittel eingesetzt, die sich vom Alltagsgebrauch unterscheiden. Stilmittel aus dem Bereich der Bildersprache tragen dazu bei, dass der Leser sich im wahrsten Sinne ein Bild machen kann oder aber durch die Verknüpfung des Bedeutungsbereichs (**Denotation**: „Katzenauge“ als Auge einer Katze) mit dem Bildbereich (**Konnotation**: „Katzenauge“ als Reflektor am Fahrrad) zu höheren Einsichten gelangen kann. Man nennt diese Bildersprache auch uneigentliches Sprechen: Das Gesagte entspricht dem Bild und das Gemeinte der Bedeutung.

Aufgabe 1

a) Notiere die Vergleiche und Metaphern, die in den folgenden Textstellen vorkommen.

b) Vergleiche die Zitate innerhalb der Kästen und formuliere ein Thema für den jeweiligen Bildbereich.

c) Warum wählte die Autorin diesen Bildbereich? Was drückt sie damit aus?
Formuliere in jedem Kasten eine Aussage zum gemeinten Bedeutungsbereich.

Bildbereich: ____________________

S. 7, Z. 9 f.: „ ____________________

S. 134, Z. 29 f.: „ ____________________

S. 161, Z. 31 f.: „ ____________________

Bedeutung: ____________________

Bildbereich: ____________________

S. 111, Z. 29: „ ____________________

S. 117, Z. 21: „ ____________________

S. 162, Z. 23: „ ____________________

Bedeutung: ____________________

Bildbereich: ____________________

S. 75, Z. 2 f.: „ ____________________

S. 75, Z. 10 f.: „ ____________________

S. 76, Z. 25 f.: „ ____________________

Bedeutung: ____________________

Bildbereich: ____________________

S. 27, Z. 30: „ ____________________

S. 78, Z. 7 ff.: „ ____________________

S. 135, Z. 18: „ ____________________

Bedeutung: ____________________

Aufgabe 2

Markiere weitere Vergleiche und Metaphern mit Gelb in deinem Buch. Gestalte eine Stilmittel-Seite in deinem Lesebegleitheft.

Symbolik

Symbole sind Zeichen, die in der Bedeutung über sich hinausweisen, eine schnelle gedankliche Verknüpfung mit dem gemeinten Sachverhalt ermöglichen (z. B. #) und in Texten eine besondere Funktion haben. Zu unterscheiden sind Dingsymbole (z. B. Lilie in *Herzsteine*) von Sinnbildern, die gezielt eingesetzt sind, um auf einen bestimmten Zusammenhang hinzuweisen. So können beispielsweise Namens-, Farb-, Tier- oder Zahlensymbolik in Texten eine wichtige Funktion übernehmen. Auch bei der Entschlüsselung dieser Zeichen wird zwischen dem **Bildbereich** und dem **Bedeutungsbereich** unterschieden. Im Unterschied zu Vergleichen oder Metaphern haben Symbole oft eine Geschichte oder Tradition und sind damit oft schneller zu entschlüsseln (z. B. das Kreuz als christliches Symbol).

Aufgabe

Ergänze jeweils Zitate, die zu den Symbolen in der linken Spalte passen. Dazu sind Seiten oder Namen angegeben. Fasse in der rechten Spalte deine Interpretation in eigenen Worten zusammen.

Symbol, Symbolbereich	Zitate	Deutung in eigenen Worten
	S. 47: S. 190:	
	Klaus/Gorillas: Jona: Kanama: Mushiki:	
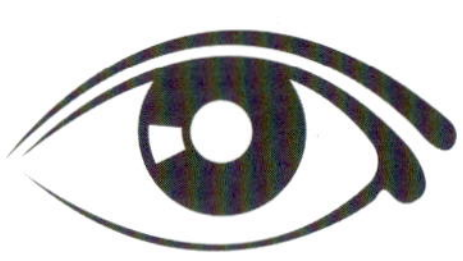	S. 22: S. 174:	
	S. 7: S. 21:	
	S. 115: S. 149:	

Themen und Motive

Übersichtsseite

Dieser Roman spricht viele Themen an: auf der fiktiven Erzählebene und auf der Sachebene. Zur Sachebene gehören die authentischen Informationen über Ruandas Geschichte, den Genozid und die Situation (Stand: 2011). Sam steht als Jugendlicher auf dem Weg zum Erwachsenen zwischen zwei Welten und ist auf dem Weg der Selbstfindung. Nur seine Freundin Enna kann dem Entwurzelten wieder Boden unter den Füßen vermitteln. Die zeitversetzte Reise der traumatisierten Mutter und später Luks und Sams nach Ruanda wird zur Offenbarung des Genozids, dem posttraumatischen Erbe der Bevölkerung. Sie führt zur Klärung der familiären Verhältnisse.

Aufgabe

Diskutiert die in den Abbildungen angedeuteten Themen und seht euch im Internet das Feature zu *Herzsteine* von Hanna Jansen (Länge: ca. 5 Min.) an.
Notiert Stichworte sowie weiterführende und vertiefende Fragen für Recherchen in eurem Lesebegleitheft.

Abbildungsquellen:
1. Aeroid (wikimedia.org)
2. piqsels.org
3. Dave Proffer (wikimedia.org)
4. Nelson.gashagaza (wikimedia.org)
5. Cai Tjeenk Willink (wikimedia.org)
6. TheOtherKey (pixabay.com)

Das zentrale Motiv: Posttraumatische Belastungsstörung (Interview)

Dr. Nadja Jacob stammt aus Karlsruhe, promovierte in Konstanz und lebt seit 2009 in der Schweiz, wo sie die therapeutische Leitung der Tagesklinik Liestal (Psychiatrie Baselland) übernommen hat.
In Zusammenarbeit mit dem gemeinnützigen Verein *Vivo International* forschte Dr. Jacob unter anderem in Ruanda (Kigali, Butare) zum Thema Traumafolgestörungen.
Sie kann durch ihre langjährige Arbeit in Ruanda, aber auch durch ihre Rolle als Mutter, die beschriebenen Erlebnisse in *Herzsteine* in besonderem Maße nachempfinden und einordnen.

Vivo International

... ist ein gemeinnütziger Verein, der 2001 gegründet wurde und seinen Sitz in Konstanz hat. Weltweit betreut der Verein Projekte, die zum Ziel haben, Überlebende von Gewalt und Konflikten zu unterstützen und ihre traumatische Vergangenheit zu bewältigen. Dies erfolgt auf individueller, familiärer sowie gesellschaftlicher Ebene. Wichtig ist dem Verein die Verbindung von Wissenschaft und dem therapeutischen Alltag vor Ort.

Aufgaben

a) Lies dir das Interview gründlich durch. Nutze hierzu auch die Farben aus dem Farbleitsystem, um wichtige Textstellen zu markieren.

Ihr könnt den Text auch in Gruppen aufteilen und bearbeiten.

Traumatische Erlebnisse und ihre Folgen

Ein Interview mit der Psychologin Dr. Nadja Jacob, geführt von Franziska Heinzelmann

Frau Dr. Jacob, Sie haben in Ruanda Menschen mit Traumafolgestörungen therapiert. Können Sie uns einen Einblick in Ihre damalige Arbeit geben?

▸ Wir haben mit Waisen und Witwen Interviews zu ihrer Lebenssituation sowie zu ihrer psychischen Gesundheit geführt. Alle Teilnehmer hatten traumatische Erlebnisse und Verluste naher Angehöriger, größtenteils während des Völkermordes 1994. Alle Teilnehmer litten auch über zehn Jahre nach dem Genozid noch unter dem inneren Wiedererleben der Gewalt. Fast die Hälfte der Befragten litten unter einer *Posttraumatischen Belastungsstörung*. Diesen Teilnehmern haben wir Therapien angeboten und führten diese durch. In einem weiteren Projekt trainierten wir ruandische Psychologen, um Folgestörungen aufgrund von Traumata zu erkennen und unter Anleitung zu behandeln. Schließlich bildeten diese Psychologen selbstständig weitere Kollegen als Trauma-Therapeuten aus und leiteten diese an. Der Gesundheitszustand der Witwen und Waisen konnte durch die Therapien nachhaltig verbessert werden.

Frau Dr. Jacob, Sie erwähnten den Begriff „Posttraumatische Belastungsstörung". Wie entsteht dieses Krankheitsbild?

▸ Ein Trauma ist ein lebensbedrohliches Erlebnis für einen selbst oder bei dem wir Zeuge werden. In der Regel erleben wir dabei intensive Angst, Entsetzen und Hilflosigkeit.

Nehmen wir das folgende Beispiel: Greift ein Löwe eine Gazelle an, so ist es für die Gazelle zunächst hilfreich, zu überprüfen, ob sie flüchten oder kämpfen könnte. Hierfür werden die Gefühle Angst oder Wut gebraucht, denn dadurch wird Adrenalin ausgeschüttet, der Herzschlag erhöht und damit eine bessere Sauerstoffversorgung ermöglicht. Außerdem erhöht sich die Aufmerksamkeit und das Seh- sowie Hörvermögen schärft sich. Da der Löwe der Gazelle körperlich überlegen ist, bleibt ihr nur die Flucht, wofür ebenfalls die geschärften Sinne dienen. Ist der Löwe aber zu nah, um zu flüchten, so sollte sich die Gazelle nicht mehr bewegen, um nicht aufzufallen. Hat der Löwe sie jedoch schon am Hals gepackt, so sollte sie erstarren, um schwerere Verletzungen zu vermeiden. Legt der Löwe seine Beute dann kurz ab, könnte die Gazelle aufspringen und davonrennen.

Diese Reaktionen in lebensbedrohlichen Situationen sind auch die Überlebensstrategien des Menschen. Bei einer Posttraumatischen Belastungsstörung dauert jedoch die Wahrnehmung der Gefahrensituation an, selbst wenn die Person längst in Sicherheit ist. Das Erlebte ist in unserem Kopf (Gedanken, Bilder, Geräusche, Bewertungen) und Körper (Fühlen und Spüren) „eingebrannt", kann jedoch nicht der Vergangenheit zugeordnet werden.

Wie äußert sich dieses Krankheitsbild?

▸ Die Betroffenen leiden unter unkontrollierbarem traumatischen Wiedererleben (z. B. sich aufdrängende Bilder, Alpträume, Flashbacks[1]). Sie nehmen die Welt ständig als bedrohlich wahr, können schlecht ein- und durchschlafen, sind schreckhaft, reizbar und die Konzentration ist gestört.

Bei Menschen, die über einen längeren Zeitraum traumatisiert wurden und wiederholt körperlicher Gewalt ausgesetzt waren, sehen wir ein anderes Verhalten. Es ähnelt dem der Gazelle, die durch Erstarren ihr Überleben sichern konnte. Dabei handelt es sich um eine Bewusstseinsveränderung, bei der eine Distanz zum eigenen Körper und zur Realität geschaffen wird, da diese nicht auszuhalten ist. Dies kann sich in kurzzeitigen Veränderungen des Körpererlebens (z. B. Taubheit) und in Bewegungsunfähigkeit äußern.

Die Reaktion, die in der lebensbedrohlichen Situation erfolgreich war, besteht in einem sicheren Umfeld weiterhin. Es folgen Schuld- und Schamerleben für die traumatischen Erlebnisse, jedoch auch für die Störung selbst. Aufgrund dessen versuchen die Betroffenen die Erinnerungen zu vermeiden – sie vermeiden Gespräche, Personen, Gefühle und Orte, die sie mit dem Trauma verbinden. Aus dem folgt häufig eine Abstumpfung, da alle Gefühle und Regungen vermieden werden. Aufgrund der Traumata entsteht häufig ein ausgeprägtes Misstrauen in die Welt, Interessenverlust, Schulderleben, eine pessimistische Zukunftserwartung sowie ein niedriger Selbstwert, was häufig mit Vereinsamung einhergeht. Des Weiteren nehmen die Betroffenen oft Alkohol oder Drogen zu sich, um die Vergangenheit zu bewältigen. Und schließlich sehen wir bei der Hälfte der Traumatisierten die Entwicklung einer Depression mit niedergeschlagener Stimmung, Interessenverlust, Antriebslosigkeit, Appetit- und Schlafproblemen sowie Lebensüberdruss und Selbsttötungsabsichten.

In dem Jugendroman „Herzsteine" von Hanna Jansen geht es um eine Frau, die als Kind den Genozid in Ruanda miterlebt hat. Sie konnte rechtzeitig flüchten, doch ihre Familie hatte dieses Glück nicht und wurde im Zuge des Völkermordes umgebracht. Selbst als Erwachsene macht sie sich deswegen noch Vorwürfe, entfremdet sich schließlich nach und nach von ihrer Familie und kehrt schließlich in ihre Heimat – Ruanda – zurück. Frau Dr. Jacob, ist dieses fiktive Schicksal aus Ihrer Sicht realistisch?

▸ Was die Romanfigur Fe erlebt, nennen wir „Überlebensschuld". Dies ist ein häufiges Symptom bei Opfern systematischer Gewalt[2] (z. B. im Zusammenhang mit einem Genozid) und gehört zu den Traumafolgestörungen. Die Überlebenden wägen den Wert und die Bedeutung ihres Lebens mit dem anderer ab: ob sie das Überleben verdienen und ob das eigene Überleben auf Kosten der verstorbenen Verwandten und Freunde geht.

Begünstigt wird das Schulderleben, wenn eine große Nähe zur Situation und dem Opfer bestand und eine Wiedergutmachung aufgrund des endgültigen Verlusts nicht mehr möglich ist. Das ist der Fall bei Fe, deren Familienangehörige im Zuge des Genozids in Ruanda ermordet wurden. Mit Gedanken wie „wenn ich mich anders verhalten hätte, wäre meine Familie nicht gestorben" versuchen die Betroffenen, die eigene Hilflosigkeit in der Situation und deren Konsequenzen zu bewältigen.

Es handelt sich bei Schuld um ein quälendes Gefühl, verbunden mit der Annahme, dass man in der traumatischen Situation anders hätte handeln, fühlen oder denken sollen – auch bei unbeteiligten Zeugen der Gewalt. Es kommt zu verschiedenen „Denkfehlern", z. B. das damalige Tun auf dem Stand des aktuellen Wissens zu bewerten. So war der Beginn des großflächigen Genozids in Ruanda nicht vorhersehbar: Der Hass, die Entmenschlichung und die Schuldzuweisungen bauten sich seit den 50er Jahren nach dem Ende des Kolonialismus und durch die Kultivierung der zwei objektiv kaum zu unterscheidenden Ethnien[3] über Jahrzehnte auf. Wie sollte eine junge Frau dies verstehen und die Familie retten, fragen wir uns als Außenstehende. In dem Roman beschäftigt sich Fe auch intensiv mit der verpassten Wertschätzung ihrer Familie gegenüber. Sie betrachtet dies durch die Brille der späteren Erlebnisse und fordert von sich eine Reife ein, die sich aber erst durch die Traumata entwickeln konnte. Dies, auch die Interaktion mit der Familie, das Schweigen und die Folgen für Sam, finde ich bewegend und realistisch.

1 szenisches Wiedererleben mit Bewusstseinsverlust für das Hier und Jetzt
2 Systematische Gewalt wird nicht von einzelnen Personen verübt, sondern von Menschengruppen, Organisationen, Strukturen oder Gesellschaften.
3 Ethnie: Menschengruppe (insbesondere Stamm oder Volk) mit einheitlicher Kultur

Entsteht in den betroffenen Familien eine Art „belastendes Erbe"?

▸ Ja, auch dazu haben wir in Ruanda geforscht und herausgefunden, dass insbesondere die höhere Reizbarkeit der traumatisierten Eltern ein Problem wird. Es kommt zu mehr häuslicher Gewalt, wodurch die Traumata über die Generationen hinweg weitergegeben werden.

Jedoch gibt es neben der Impulsivität der Betroffenen auch andere Probleme. Ihr Verhalten ist oft unvorhersehbar und unverständlich. Häufig fühlen sich Kinder verantwortlich für das Wohlergehen bzw. das Leiden der Eltern. Dies führt zu einer Überforderung und stört wiederum die gesunde Entwicklung des Kindes sowie die Beziehung zwischen den Eltern und dem Kind.

Ähnliches kann man auch an der Beziehung zwischen Sam, seiner Mutter und seinem Vater beobachten.

Würden Sie sagen, dass die traumatische Vergangenheit Betroffene oft erst Jahre später einholt?

▸ Traumafolgestörungen können auch Jahre nach dem eigentlichen Trauma beginnen. Etwa bei einem Viertel der Betroffenen ist dies der Fall. Im Alltag sehe ich sehr viele Menschen, die trotz traumatischer Erfahrungen ihr Leben gut meistern, dann Jahre später ein weiteres Trauma (z. B. Unfall, häusliche Gewalt) oder Belastungssituation (z. B. Umzug, Mobbing, Tod eines Angehörigen) erleben und plötzlich im Leben all ihre Alltagsfähigkeiten verlieren und eine Posttraumatische Belastungsstörung entwickeln. Auch im Buch wird die Beziehung von Fe zu Sam zunächst als Halt gebend beschrieben. Im Verlauf der Entwicklung von Sam scheint Fe zunehmend ihren Ängsten und Hilflosigkeit der Vergangenheit ausgesetzt und entwickelt zunehmend psychische Probleme.

Ich stelle mir immer ein Netz vor, das mit Steinen (im Sinne von traumatischen Erlebnissen und anderen Belastungen) gefüllt wird. Werden es zu viele Steine, kann es reißen und es kommt zu Traumafolgestörungen. Die Stabilität des Netzes ergibt sich aus persönlichen Bindungen, Selbstverwirklichung, Zufriedenheit. Ab einem bestimmten Gewicht reißt jedes Netz. Aus der Forschung wissen wir, dass ab einer gewissen Anzahl traumatischer Erlebnisse jeder Mensch unter einer Posttraumatischen Belastungsstörung leidet. So lässt sich verstehen, dass wir über eine „normale" Reaktion auf „nicht normale" Lebensumstände sprechen. Frieden und körperliche Selbstbestimmung sind daher grundlegend schützenswert.

Welche Therapiemöglichkeiten haben Sie als Psychologin für Patienten, die traumatisierende Situationen erlebt haben?

▸ Jeder Mensch erlebt nach einem traumatischen Ereignis zunächst Symptome einer Traumafolgestörung, z. B. Alpträume und Schreckhaftigkeit. Diese klingen in der Regel über Wochen bis Monate langsam ab. Zunächst ist daher wichtig, dass Traumaüberlebende Zeit bekommen, um diese schrecklichen Erlebnisse zu verarbeiten – einfühlendes Verstehen, Beziehung, Schaffung von Sicherheit und Unterstützung sind dabei wichtig. Für Kinder ist eine alltägliche Normalität hilfreich sowie Begegnungen mit ihren Freunden und Freundinnen.

Wenn die Betroffenen mit der Bewältigung überfordert sind und die Traumafolgestörung bestehen bleibt, sollte eine Psychotherapie aufgenommen werden. Heute ist viel Wissenschaft und Erfahrung zu dem Thema verfügbar. Die Therapie besteht aus Wissensvermittlung zu Traumafolgestörungen, Umgang mit Gefühlen, Bewältigungsstrategien und Bearbeitung des Erlebten.

Und was ist mit dem Umfeld der Betroffenen – den Familienangehörigen und Freunden? Was raten Sie ihnen?

▸ Es ist wichtig, dass die Traumaüberlebenden und Angehörigen die Symptome verstehen. Die Scham und das daraus folgende Schweigen sollten gemeinsam überwunden werden. Bei Bedarf sollte Hilfe eingeholt werden. Auch wenige Beratungsgespräche können manchmal hilfreich und ausreichend sein. Gemeinsam sollte an einem einfühlenden Verstehen gearbeitet werden. Gleichzeitig sollten aber auch die unterschiedlichen Bedürfnisse und Grenzen aller Angehörigen eine Rolle spielen und die Lebenssituation möglichst entsprechend gestaltet werden. Jede Form von Gewalt (körperliche und psychische) ist grundsätzlich zu vermeiden, da diese für alle Beteiligten immer schädlich ist.

Im Fall von Sam wurde seinem Bedürfnis nach einem beständigen sozialen Umfeld wenig Beachtung geschenkt, aufgrund des intensiven Leidens von Fe. Offene Kommunikation und gemeinsames Abwägen aller Optionen wären sicherlich hilfreich gewesen.

Können Sie eine Schätzung abgeben, wie viele Menschen (in Ruanda) auch heute noch von einer Posttraumatischen Belastungsstörung betroffen sind?

▸ In Krisenregionen sind Traumafolgestörungen die häufigste psychische Problematik. Bei Überlebenden systematischer Gewalt gehen wir aufgrund zahlreicher weltweiter Untersuchungen (auch in Ruanda) davon aus, dass ca. 30 % der Betroffenen dauerhaft psychische Probleme entwickeln, die sie in ihrer Alltagsbewältigung stören. Ausschlaggebend für die Entwicklung von Traumafolgestörungen sind Anzahl (je mehr desto ungünstiger), Zeitpunkt (je früher im Leben desto schwieriger) und Art (gezielte Gewalt durch Menschen ist besonders belastend) traumatischer Erlebnisse. Frauen und ältere Menschen zeigen vermehrt psychische Probleme, zudem scheinen Armut, geringe Bildung, soziale Isolation und Gesundheitsprobleme einen ungünstigen Einfluss zu haben.

Die Lücke zwischen der großen Anzahl Traumatisierter, die einer psychologischen Unterstützung bedürfen, und der geringen Anzahl spezialisierter Therapeuten in Krisenregionen stellt eine große Herausforderung dar.

Frau Dr. Jacob, ich danke Ihnen für Ihre wertvollen und erhellenden Ausführungen und wünsche Ihnen für Ihre Arbeit weiterhin viel Kraft, positive Erlebnisse und Erfolg bei Ihren zukünftigen Vorhaben.

b) Es bestehen viele Parallelen zwischen den Aussagen Frau Dr. Jacobs und der Handlung im Roman *Herzsteine*. Erkläre diese in der Tabelle und gib passende Textstellen an. Nutze hierzu auch die Erkenntnisse der Inhaltserschließung.

Im **Downloadbereich** findest du das **gesamte Interview.**

Aussage Frau Dr. Jacobs	Passende Textstelle aus *Herzsteine*
„Ein Trauma ist ein lebensbedrohliches Erlebnis für einen selbst oder bei dem wir Zeuge werden. In der Regel erleben wir dabei intensive Angst, Entsetzen und Hilflosigkeit." (S. 50, Z. 14–15)	
„Die Betroffenen leiden unter unkontrollierbarem traumatischen Wiedererleben (z. B. sich aufdrängende Bilder, Alpträume, Flashbacks). Sie nehmen die Welt ständig als bedrohlich wahr, können schlecht ein- und durchschlafen, sind schreckhaft, reizbar und die Konzentration ist gestört." (S. 51, Z. 31–33)	
„Was die Romanfigur Fe erlebt, nennen wir »Überlebensschuld«." (S. 51, Z. 55)	
„Die Scham und das daraus folgende Schweigen sollten gemeinsam überwunden werden." (S. 52, Z. 115–116)	

c) Leite mithilfe des Interviews Tipps ab, die Felicitas (und ihrer Familie) frühzeitig geholfen hätten, mit den traumatischen Erlebnissen und ihren Folgen umzugehen.

Ruandas Umgang mit dem Genozid

Der Völkermord in Ruanda

Julia Biedermann

In den einhundert Tagen von April bis Juli 1994 spielte sich im zentralafrikanischen Ruanda ein unfassbares Verbrechen ab, das zu den blutigsten in der jüngeren Geschichte des Kontinents Afrika zählt: Fast eine Million Menschen, die meisten Angehörige der Tutsi, wurden brutal ermordet.

Die Vorgeschichte dieses Völkermords an den Tutsi reicht bis in die Kolonialzeit Anfang des 20. Jahrhunderts zurück. Die deutschen Kolonialherren nahmen an, es handle sich bei Hutu und Tutsi um unterschiedliche Volksstämme. Später vermerkten die belgischen Kolonialherren diese Unterscheidung in den Ausweisen. Ursprünglich beschrieben diese Bezeichnungen in der ruandischen Gesellschaft jedoch die wirtschaftliche Position: Besaß man weniger als zehn Kühe war man Hutu, waren es mehr, zählte man als Tutsi.

Bereits 1959 wurden erstmals Tutsi vertrieben. Als Ruanda 1962 unabhängig wurde, kam eine Hutu-Regierung an die Macht, die die Diskriminierung der Tutsi-Minderheit systematisch fortsetzte. In den 1980er Jahren verfolgte Hutu-Präsident Juvénal Habyarimana eine zunehmend radikalere Rassen-Politik. Über Radio wurden Säuberungsaufrufe verbreitet, es wurden Gesetze und Gebote gegen die Tutsi erlassen. 1990 kam es zum Bürgerkrieg: Unter der Führung des heutigen Präsidenten Paul Kagame marschierte die in den Flüchtlingslagern im nördlichen Nachbarland Uganda gegründete Tutsi-Befreiungsarmee ein. Am 6. April 1994 wurde Präsident Habyarimanas Flugzeug während der Landung in der Hauptstadt Kigali beschossen und stürzte ab. Die Hutu-Regierung bezichtigte die Tutsi der Tat und rief in Radiosendungen zur Eliminierung aller Tutsi auf. Bis heute ist umstritten, wer tatsächlich die Verantwortung für den Flugzeugabschuss trägt. Es gibt auch Hinweise darauf, dass die Hutu-Regierung selbst dafür verantwortlich war.

Die Tutsi wurden von Hutu-Milizen und der Armee zusammengetrieben. Viele suchten Schutz in Kirchen, ihre Sammel- und Fluchtpunkte wurden umstellt und die Fliehenden meist mit Macheten förmlich abgeschlachtet. Ihre Leichen wurden in anonymen Massengräbern verscharrt. In den Kämpfen zwischen der Hutu-Armee und der Tutsi-Guerilla im ganzen Land konnten die Tutsi immer mehr Gebiete gewinnen. Schließlich unterlag die Hutu-Armee und flüchtete mit der Staatskasse in den Ostkongo. Aus Furcht vor Vergeltung der Tutsi folgten ihnen Millionen von Hutu – eine der größten Flüchtlingswellen auf dem afrikanischen Kontinent.

Dank eines ambitionierten Wiederaufbauprogramms der Regierung ist Ruanda, das 1994 nach jahrelangem Krieg fast vollkommen zerstört war, heute in Sachen Infrastruktur ein Vorzeigeland in Afrika. Die Auswirkungen des Genozids sind dennoch spürbar. Die sichtbaren Folgen sind überfüllte Gefängnisse und die noch immer laufenden Gerichtsverhandlungen gegen die Täter. Dazu kommt, dass viele Menschen weiterhin traumatisiert sind und die erlebten Schrecken nicht vergessen können.

➲ **Aufgaben**

a) Lies den Text und markiere die wichtigsten Informationen, die du aufgrund deiner bisherigen Einarbeitung in das Thema *Der Genozid in Ruanda* noch nicht hattest.

b) Ergänze die Zeittafel auf S. 199–201 in deinem Buch um markierte Informationen aus dem Text *Der Völkermord in Ruanda.* Notiere Fußnoten und nutze die freie Seite 198 sowie die Fläche auf S. 201.
(Mögliche Themen: z. B. Ruanda zur Zeit des Kolonialismus, Erklärung „Hutu“ und „Tutsi“, „Säuberungen“, Präsident Paul Kagame, Folgen des Genozids usw.)

c) Sammle Felicitas' Angaben, die sie im Roman *Herzsteine* zu ihrer „Zugehörigkeit“ macht. (vgl. auch die „Zugehörigkeiten“ anderer Figuren S. 43 in diesem Heft)

Felicitas: ____________________

andere Figuren: ____________________

d) Erarbeite eine Präsentation zum Thema *Ruanda seit dem 25-jährigen Gedenken an den Genozid (2019).* Sammle die Ergebnisse in deinem Lesebegleitheft. Ordne in Teilkapiteln.

- Rufe auf der Website der Deutschen Welle (vgl. Link) die Themenseite Ruanda auf. Informiere dich über:
  - die wirtschaftliche Entwicklung,
  - die Präsidentschaft Kagames: Gegner und Befürworter,
  - den Fortschritt des Landes,
  - Prozesse gegen Mörder,
  - Verhältnis zum ruandischen Staat, zur Demokratie usw.
    https://www.dw.com/de/ruanda/t-17548117 (Stand: 25.03.2021)
- Sieh dir den Bericht zum Thema *Ruanda – Unterricht in Sachen Genozid* an und fasse ihn in drei Sätzen zusammen. Füge diesen Text als Teilkapitel in deine Dokumentation ein.
  https://www.arte.tv/de/videos/082085-000-A/ruanda-unterricht-in-sachen-genozid/ (Stand: 25.03.2021)
- Notiere Auszüge aus Zitaten im Bericht auf der Website des Deutschlandfunks.
  Füge diese als Teilkapitel *Erfahrungsberichte* in deine Dokumentation ein.
  https://www.deutschlandfunk.de/25-jahre-nach-dem-voelkermord-in-ruanda-ein-genozid-durch.871.de.html?dram:article_id=445677
- Erstelle eine medial unterstützte Präsentation mit einem Gestaltungsprogramm.
- Fertige für deine Lerngruppe ein Handout aus deiner ausführlichen Dokumentation an.

e) Recherchiere und notiere zu folgenden Abbildungen jeweils einen erklärenden Satz.

Nickpo (wikimedia.org)

Briefmarke mit Aufdruck „Belgische Besetzung Deutsch-Ostafrika"

Geschichte: ______________________________

____

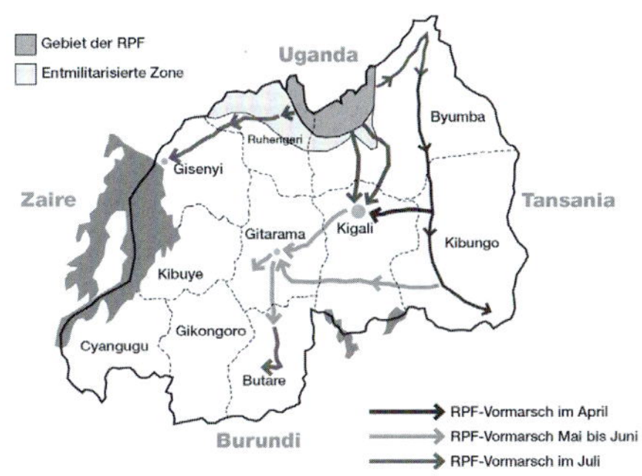

Cosmicgirl (wikimedia.org)

Offensive der RPF, April bis Juli 1994 (RPF = Ruandische patriotische Front)

Politische Rolle: ______________________________

____

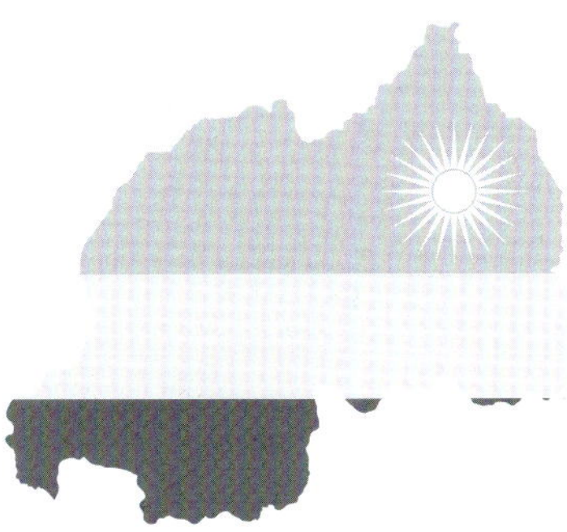

Gordon Johnson (pixabay.com)

Ruandische Flagge

Bedeutung der Farben: ______________________________

____

Fanny Schertzer (wikimedia.org)

Schädel von Opfern des Völkermordes in der Gedenkstätte von Nyamata (2007)

Kirche von Nyamata: ______________________________

____

Aufgaben im Stil des Prüfungsteils A2

Information

Der **Prüfungsteil A2** besteht aus **Aufgaben zum Textverständnis** und einem **produktiven Schreibauftrag**. Er wird mit insgesamt 25 Punkten bewertet. Während der Prüfung steht dir deine eigene Ausgabe des Romans *Herzsteine* von Hanna Jansen zur Verfügung. Daher ist eine gründliche und übersichtliche **Bearbeitung des Romans** im Voraus entscheidend. Diese Textarbeit ist dir bei der Bearbeitung der Aufgaben sehr hilfreich, da du so einen besseren **Überblick über die Handlung** hast und Textstellen schneller wiederfinden kannst. **Handschriftliche Notizen und Farbmarkierungen sind daher besonders wichtig!** Fragen mit Antworten oder Aufsatzbeispiele dürfen hingegen nicht eingetragen werden. Die Lektüren werden vor der Prüfung durch die Lehrkräfte kontrolliert.

Aufgaben zum Textverständnis

Tipps zur Bearbeitung der Aufgaben zum Textverständnis:

- → Lies die Aufgaben sorgfältig durch.
- → Markiere den Operator in der Aufgabenstellung. Damit sind die Arbeitsaufträge gemeint, z. B.: *nenne, schreibe auf, notiere, gib an, erläutere, erkläre, deute, beschreibe, charakterisiere, fasse zusammen, skizziere, verfasse* usw.
- → Wichtig ist die sprachliche und stilistische Vorgabe, die du aus folgenden Angaben herauslesen kannst: *formuliere in eigenen Worten; mithilfe von Zitaten; zitiere* usw.
- → Achte ebenfalls auf weitere Anforderungen, z. B. in welchem Umfang du antworten sollst: *in einer bestimmten Zahl ganzer Sätze; einer angegebenen Zahl von Stichworten* usw.
- → Die Zahl der zu vergebenden Punkte kann dabei eine Hilfe sein, z. B. *drei Punkte bei sechs Stichworten.*

Schau dir folgendes Beispiel an:

Beschreibe | drei Situationen auf Sylt, | in denen | Felicitas' | Trauma deutlich zum Vorschein | kommt.

Beschreibe	drei Situationen auf Sylt,	Felicitas'	Trauma deutlich zum Vorschein
Ausführlich darlegen	Zahl/ Ereignisse	Bezug Figur	Thema

Aufgaben

a) Beschreibe die Figur Sam in drei Sätzen (Alter, Familie, Freunde/Freundinnen, Hobby(s) usw.).

____

____

____

____

b) Das Verhältnis seiner Eltern nimmt Sam als belastet wahr. Nenne je zwei dieser Situationen bis zu Fes Abflug nach Ruanda und zwei in Kigali.

____

____

____

c) Beschreibe zwei Situationen auf Sylt, in denen Fes Krankheit besonders deutlich zu Tage tritt.

____

____

d) Luk spricht erst spät und in einer kritischen Situation über Fes Vergangenheit. Nenne zwei mögliche Gründe.

e) Der Titel *Herzsteine* ist bewusst gewählt. Erläutere ihn, indem du die entsprechenden Textstellen und Figuren einbeziehst, die damit verbunden sind.

f) Helen und Fe kommen sich auf besondere Weise näher. Erläutere und leite die Bedeutung für Fes schwerwiegende Entscheidung ab. Belege an einem passenden Zitat.

g) 1. Sam und Enna verbindet vieles. Beschreibe anhand von zwei Beispielen Gemeinsamkeiten.

2. In einem Punkt sind sie sich jedoch nicht einig. Erkläre in einem Satz.

3. Nenne ihr Abschiedsgeschenk für Sam.

h) Unterscheide zwischen authentischer Beschreibung und fiktiver Erzählung in diesem Roman.

i) Gib die Eindrücke, die Sam in Gisozi gewinnt, in eigenen Worten und drei Sätzen wieder.

j) Beschreibe Fes Familiendrama in drei Sätzen.

k) Nenne zwei Symbole in diesem Roman und erkläre sie.

Produktive Schreibaufgabe im Stil der Prüfung

➲ Aufgaben

a) Lies die folgende Aufgabe. Markiere in der Aufgabenstellung die Ausgangssituation, die schreibende Figur, die Themen, die Textsorte und (in diesem Fall) den Adressaten.

> **Beispiel einer produktiven Aufgabe:**
>
> Nach seiner Rückkehr nach Sylt und einem Besuch bei Enna schreibt Sam eine Mail an Jean-Claude. Darin erklärt er ihm die familiären Hintergründe, die zur befremdlichen Situation in Kigali (Restaurant) geführt hatten, seine Eindrücke von Ruanda und geht auf sein Verhältnis zu ihm ein. Er schreibt ebenfalls über die Beziehung zu Enna und erneuert die Einladung Jean-Claudes nach Deutschland.
>
> Schreibe diese Mail.

Schreibplanung

b) Notiere in ca. zehn Stichworten, was du aus der Sicht Sams in dieser Mail schreiben möchtest. Bedenke die kulturellen Unterschiede zwischen Deutschland und Ruanda. Auch die privilegierte Lebensweise der deutschen Arztfamilie unterscheidet sich deutlich von den Wohn- und Besitzverhältnissen von Jean-Claudes Familie.

> *Stichworte für Sams Mail*

c) Nummeriere diese Stichworte einer logischen Reihenfolge nach, die zur Schreibsituation passt.

d) Notiere die Stichworte der Reihe nach im folgenden Flussdiagramm als Schreibplan. Ergänze sie jeweils durch zusätzliche Angaben.

Beispiel für ein Flussdiagramm

❶ Anrede ____________________

⬇

❷ ____________________

⬇

❸ ____________________

⬇

❹ ____________________

⬇

❺ ____________________

⬇

❻ ____________________

⬇

❼ ____________________

⬇

❽ ____________________

⬇

❾ ____________________

⬆

❿ Grußformel: ____________________

e) Sam hat in Ruanda einige Ausdrücke und Redewendungen in Kinyarwanda gelernt und sich ein Wörterbuch gekauft. Im Roman sind einige erwähnt. Suche die entsprechenden Textpassagen heraus.
→ Notiere Wörter und Wendungen, die er in der Mail verwenden könnte. Ergänze die deutschen Übersetzungen.
→ Lass dir fehlende Begriffe im Internet übersetzen, z. B. mit dem Google-Übersetzer: z. B. *Freund*.

ubucuti = ____________________ ____________________ = Freund

____________________ = Wie geht es dir?

...

Produktives Schreiben: Textüberarbeitung

Information

Zur Bearbeitung **produktiver Aufgaben** benötigst du einen guten Überblick über die Handlung. Benutze daher deine **Lektüre wie ein Nachschlagewerk**. Anhand der **Kapiteleinteilung mit Überschriften, Eselsohren und deinen Notizen** findest du die Textstellen schneller, die für die jeweilige Schreibaufgabe wichtig sind. Beschränke dich auf die wichtigsten Inhalte, da du auf die Zeit achten musst, die dir zur Verfügung steht. Dennoch darfst du den **Text nicht abschreiben (Ausnahme: wenige ganz wichtige wörtliche Rede-Zitate) oder nacherzählen.** Formuliere wichtige Textstellen in deinen Worten um und kombiniere die inhaltlichen Zusammenhänge neu.

f) Überarbeite den folgenden Briefanfang, indem du auf folgende Kriterien achtest:
→ angemessener Inhalt (für den ruandischen Jean-Claude völlig ungewohnte, fremde Dinge erklären);
→ Jean-Claude kann Englisch und evtl. Französisch (wie gut, das bleibt unklar.). Sam wird ihm daher empfehlen, Fe zu bitten, ihm die Mail zu übersetzen.

Hello Jean-Claude,

it's me, Sam. Give the best greetings to my Mum and show her this mail. I'm sure, she will translate it for you.

Wie geht es dir? Denkst du noch an mich oder hast du mich schon vergessen? Die Zeit in Ruanda war für mich zu schnell vorbei. Du hättest mir noch so viel zeigen und erklären können. Doch werde ich euch bald wieder besuchen, schon alleine um meine Mutter wiederzusehen.

Ruanda ist mir auf erschreckende Weise nähergekommen. Seit Mum weg war, hatte ich mich über das Internet freilich informiert. Aber das ist nicht dasselbe wie die eigene Erfahrung. Nie vergesse ich Gisozi! Immer wenn ich an das Schicksal meiner Mutter – und auch an deines – denke, kommen mir die Tränen. Der Genozid – unfassbar! Man möchte schreien. Aber wer soll es hören? So viele haben weggehört, nichts sehen wollen. Ob ihr das jemals verarbeiten könnt?

Im Restaurant hast du bemerkt, dass es mit meinen Eltern schwierig ist. Meine Eltern haben sich getrennt. Ich kann dir das alles nicht erklären. (...)

Indamutso nyinshi

g) Verwende passende Ausdrücke oder Sätze in deiner Mail und schreibe diese nach deinem Schreibplan (s. S. 58) in dein Lesebegleitheft. Verwende Wörter von deinem Notizzettel in Kinyarwanda. Schreibe ca. 200 Wörter.

h) Drucke die ausführliche Checkliste zum *Brief/Mail* aus. Sie befindet sich im Downloadbereich. Überprüfe deinen Text.

Checkliste zur Schreibaufgabe *Brief/Mail*

Form	• saubere Gestaltung: Tinte, klare Korrekturen • erkennbare Gliederung: Aufbau, Absätze • Formales: Datum (bei E-Mail nicht erforderlich), Anrede, Grußformel, Leerzeilen
Sprache	• korrekte Grammatik, angemessener Satzbau • passender Ausdruck, angemessene Stilebene (auch: Jugendsprache, aber keine Modeausdrücke oder Umgangssprache, die Jean-Claude nicht kennen kann) • evtl. Ausdrücke in Kinyarwanda; wenige Sätze zu Beginn in Englisch
Inhalt	• Beachtung der Schreibsituation und des Adressaten/passende Vorgeschichte (Wissensstand Jean-Claudes; Vermeidung unpassender Mitteilungen)
Rechtschreibung	• korrekte Rechtschreibung: Nutzung des Rechtschreibwörterbuchs; • korrekte Anredepronomen: (hier: *du/dich* etc. in Kleinschreibung)

Übersicht über produktive Schreibformen

Information

Der Roman *Herzsteine* ist eine Textcollage aus drei verschiedenen Textsorten. **Produktive Schreibformen** müssen zum einen zu den Figuren und deren Verhalten im Roman passen. Vor allem aber sollten sich diese Aufgaben logisch aus dem Zusammenhang ergeben. Dabei darfst du **nichts hinzuerfinden**, was nicht von der Autorin in irgendeiner Weise erwähnt, angebahnt oder aus dem Kontext vorstellbar ist. Also: keine Fantasie-Elemente, neue Figuren usw. Mit etwas Gespür findest du selbst sogenannte **Leerstellen** heraus, die geradezu einladen, eine Sichtweise, eine Situation, ein Problem zu vertiefen. Das hat mit **Handlungslogik** zu tun. Diese kannst du nachvollziehen, wenn du den Roman intensiv bearbeitet hast.

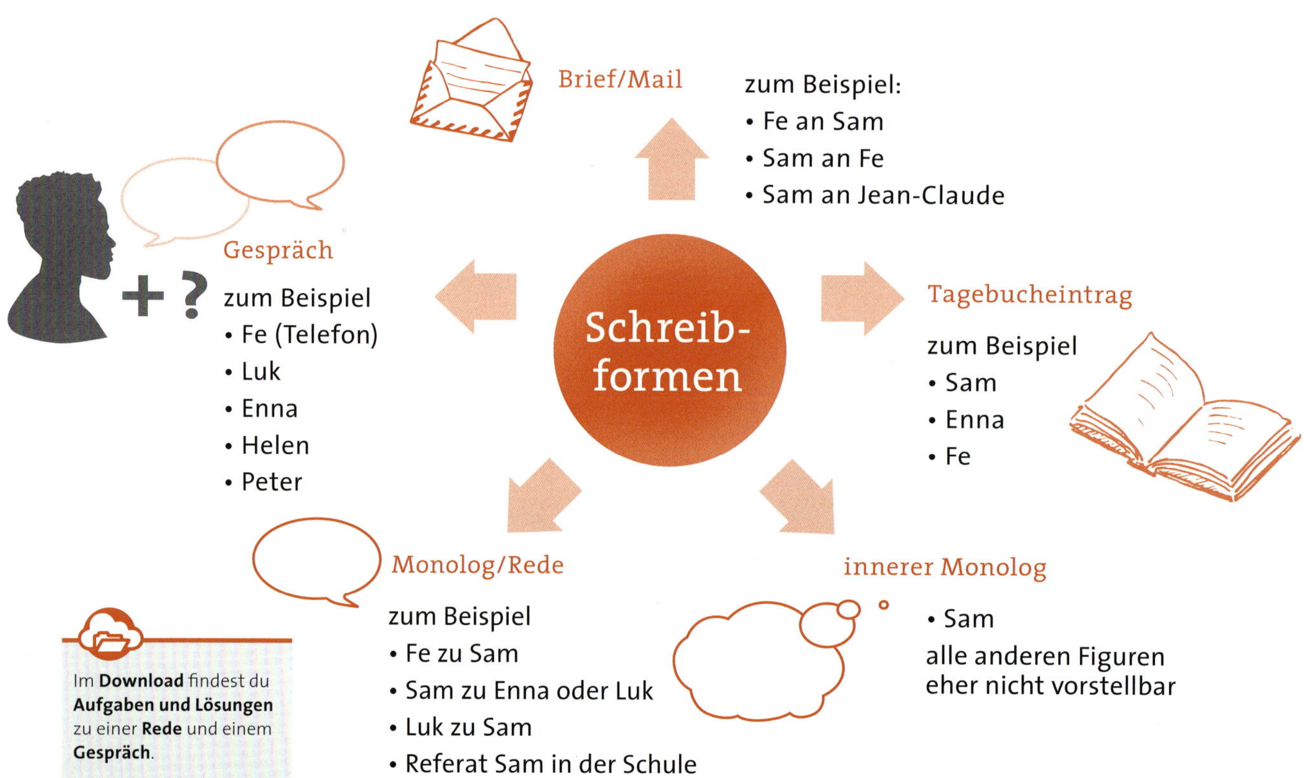

Im **Download** findest du **Aufgaben und Lösungen** zu einer **Rede** und einem **Gespräch**.